Erschienen im
Jubiläumsjahr 2002
bei Klett-Cotta

Wolfgang Schömel

Die Schnecke. *Überwiegend neurotische Geschichten*

Klett-Cotta

Inhalt.

Eins.

Der Waldlauf. Seit zwanzig Jahren laufe ich diese Strecke. Ich durchquere dabei ein Lärchenwäldchen, das ich noch als Schonung kennengelernt habe. Damals säte ich zwischen den kleinen Bäumen Marihuana und hoffte auf eine reiche Ernte. In die Taschen meiner Jogginghose, die damals noch Trainingshose hieß, hatte ich Pinguinkot aus Chile geschaufelt. Ich düngte die Pflänzchen einmal pro Woche damit. Ein Jahr zuvor hatte ich in meiner Studentenbude ein phänomenales Kraut gezogen. Jeden Abend rollte ich ein paar Joints und ging damit in die Disko, wo ich sie in Umlauf brachte. Ein, zwei Züge genügten, und man wußte nicht mehr, wo man war und wie der Barkeeper hieß. Die schönsten Diskoqueens, die gerade zuvor noch durch mich hindurch geschaut hatten, kamen an und bettelten um einen Joint. Nachts um drei kniete mein Freund Wilhelm vor den Weibern und schrie: »Nehmt mich brutal!« Mit anderen Worten: Das Zeug war gut. Die Saat zwischen den jungen Lärchen gedieh. Mitte Juli standen die Pflanzen einen Meter hoch und begannen zu blühen. Ich weiß bis heute nicht, wer die Pflanzen dann abhackte, der Förster, ein findiger Kiffer? Vielleicht hatten die Wildschweine oder die Rehe sie abgefressen? Jedenfalls ist das Wäldchen seit dieser Zeit negativ belegt, auch wenn es mir im Spätherbst einen wunderschönen rotbraunen Nadelteppich auslegt. Manchmal, in der Dämmerung, meint man, in jeder einzelnen Lärchennadel brenne ein schwaches Licht.

Es hat sich im übrigen nicht viel ereignet in den zwanzig Jahren. Die Bäume sind gewachsen. Es gab ein paar Jahre mit viel Windbruch, andere mit Zeckenplagen. Deutschland wurde wiedervereinigt, es gab den 11. September, das Internet entstand. Einige Rückepfade, die ich früher benutzte, sind zugewachsen. Ich nehme jetzt andere, parallel zu ihnen verlaufende Pfade. Die Länge der Strecke ist ungefähr gleich geblieben. Ein Freund hat sie von der topographischen Karte in ein Computerprogramm übertragen und anschließend ausrechnen lassen, daß sie gut zwölf Kilometer mißt. Mein Rekord für diese Strecke wurde vor siebzehn Jahren aufgestellt und beträgt siebenundfünfzig Minuten. Ich war halb tot nach diesem Rekord. Heute brauche ich zirca eine Stunde und fünfzehn Minuten, allerdings ginge es ohne weiteres auch fünf oder sieben Minuten schneller. Nur wäre dann der Atem zu knapp, um Selbstgespräche führen zu können. Während der Zeit, in der ich hier laufe, war ich mit vielen Frauen kurz und mit dreien ein paar Jahre zusammen. Eine davon hat mich verlassen, eine habe ich gezwungen, mich zu verlassen, und eine hat mich gezwungen, sie zu verlassen. Als das passierte, bin ich ein Jahr lang nicht mehr gelaufen. Später rief ich manchmal ihren Namen in den Wald, weil ich wollte, daß sie endlich hinter dem Baum hervortrat, wo sie die ganze Zeit über gestanden hatte, um mich zu beobachten. Manchmal wurde ich auch lediglich deswegen ein wenig laut, weil man ja andernorts nicht herumbrüllen kann, ohne unangenehm aufzufallen. Einmal legte ich mich abends ins Laub. Ich wollte die ganze Nacht liegen bleiben und mir leid tun. Aber im Dunkeln fing ich an, mich zu fürchten. Überall standen plötzlich Leichen aufrecht in den Büschen. Ich lief zum Auto zurück und fuhr nach Hause. Auch die Namen anderer Frauen ließ ich während meiner Läufe erklingen. Gelegentlich verwechselte ich die Namen der Verschwundenen. Manchmal erfand ich einen entscheidenden Satz, mit dem ich die jeweilige hätte überzeugen können. Warum waren mir diese Worte nicht damals eingefallen? Alles wäre anders gekommen. Gerade im vergangenen Spätsommer, ich befand mich schnell laufend auf der Schlußetappe meiner Strecke, links große Weiden mit Wiederkäuern, rechts der Wald, vor mir die untergehende Sonne, sprach ich sehr erzürnt und laut mit einer älteren Geliebten. Das heißt, sie selbst dürfte immer noch ziemlich jung sein, aber ich habe sie schon fünf Jahre nicht mehr gesehen. Am Ende meines Monologes schrie ich, als Zusammenfassung oder Schlußfolgerung: »Wann wirst du das endlich begreifen?«, als ich ein Pärchen bemerkte, das rechts in einer kleinen Grasbucht unter den Bäumen lag. Offenbar hatten sie mich schon eine ganze Weile gehört, denn die junge Frau lachte laut, und der freundliche Mann erlöste mich mit dem Zuruf: »Macht nichts, auch ich rede immer mit mir selbst.« Aber ich hatte nicht mit mir selbst geredet, sondern ein inneres Gespenst angeschrien. Meine Rede war nun unterbrochen, erstarrt vor der Scham, die mein Inneres erfüllte und die nur durch einen enormen Schlußspurt bis hin zur Maximalbelastung besiegt werden konnte.

Wie gesagt: Viel hat sich nicht getan im verfließenden Leben. Ich habe einen Job, den auch andere gerne hätten, ich arbeite in der Dokumentation eines bekannten

Magazins. Aber insgesamt betrachte ich mich beruflich, fortpflanzungstechnisch und überhaupt existentiell eher als endgültig vergrabenes Pfund. Übrigens möchte ich merkwürdigerweise dennoch ein hohes Lebensalter erreichen. An den Wochenenden habe ich rein gar nichts Sinnvolles drauf. Samstag morgens lese ich die ZEIT. Ich frage mich schon seit mindestens zehn Jahren, warum ich das Blatt nicht abbestelle. Einzig die Heiratsanzeigen der blonden niveauvollen und fünfzigjährigen Mädchenfrauen machen mir noch ein wenig Freude. Im Herbst schreiben sie immer wie Rilke: »Herr:, es ist Zeit. Der Sommer war sehr groß ...« Ob die Pünktchen am Ende des Zitates zum Ausdruck bringen sollen, daß der ganze Rest des Elends ja ohnehin bekannt ist? Wie auch immer, irgendwie soll das Ganze die Lust der Männer auf die Mädchenfrauen wecken. Na, ob das klappt? Ich bezweifele es, ehrlich gesagt ...

So geht der Samstagvormittag dahin. Ruhig und unbedrängt von meinem Aldi-Funkwecker, bereite ich mich auf das Kacken vor. Ich bin immer voller Neid, wenn ich von anderen höre, daß sie kreativ sind, ihre Gärten in Ordnung bringen oder Kinder aufziehen, wenn sie photographieren, malen, Schach spielen oder auf die Autobahn fahren, um Verwandte zu besuchen. Mir dagegen fällt leider nicht viel mehr ein als: Waldläufe machen. Nicht, daß ich, dagegen gehalten, meine Arbeit in der Dokumentation sinnvoll fände. Niemand ist lächerlicher als meine Kollegen, die an ihre Mission glauben. Ich dagegen befinde mich schon immer, wie ich zu sagen pflege, »in Mission Null«. Aber am Wochenende entsteht dennoch ein merkwürdig leerer Raum. Meine Mission lappt dann sozusagen ins Negative. Na gut, ich gehe samstags auf den Wochenmarkt, um Gemüse und Obst zu kaufen und nach schönen Frauen Ausschau zu halten. Meist kaufe ich viel zu viel ein und bin gezwungen, samstags und sonntags zu kochen, auch wenn ich keine Lust dazu habe. Mir scheint, ich halluziniere heimlich Essenspartnerinnen. Immer wieder der gleiche Quatsch! Nach dem Marktgang lade ich den Körper mit Kohlehydraten auf. Ich esse Müsli mit Milch, dazu trinke ich einen Liter Pfefferminztee. Ich bereite außerdem einen weiteren Liter grünen japanischen Tee für die Alu-Trinkflasche vor. Eine Banane kommt ebenfalls mit in den Rucksack, seit einigen Jahren auch ein Mobiltelefon. Falls ich kollabieren sollte, könnte ich telefonisch lebenserhaltende Maßnahmen herbeirufen. Zum Glück ist im Wald ausreichende Feldstärke vorhanden. Ich kleide mich an: Hose, Sweat-Shirt, Regenjacke, Socken, die Geländelaufschuhe mit dem groben Profil. Mein Auto findet ausschließlich Verwendung, um in den Wald zu fahren, dreißig Kilometer eine Strecke. Der Aufwand muß sein, ich brauche echten Wald. Im Park kann ich nicht laufen. Mich stören Spaziergänger, die hören können, wenn ich mit mir spreche, und Hunde, die mich blöde anglotzen und beschnüffeln. Also fahre ich. Ich fahre sehr langsam, und die Autofahrt über die Landstraßen ist bereits Bestandteil, wenn man so will, der Wahrheitssuche. Je näher der Staatsforst rückt, desto müder werde ich. Durch den Ort auf die schmale Straße, sie ist kaum breiter als mein Auto. Ich biege kurz vor dem Waldschwimmbad ab, fahre einen Kilometer über einen sandigen Pfad, rechts kommt zuerst ein Maisfeld, dann ein Weizenfeld, links der Wald. Im Spätsommer schnattern die Grillen, als stünden sie Spalier für mich. Im Oktober hören sie allmählich auf. Dann erst merke ich, was ich an ihnen hatte. Gerne würde ich mich bei ihnen bedanken, aber wir sprechen nicht die gleiche Sprache. Ich stelle das Auto ab, seit zwanzig Jahren an derselben Stelle. Wenn es nicht regnet, öffne ich das Schiebedach, klappe die Rückenlehne meines Sitzes hinunter, setze die Sonnenbrille auf und falle fast augenblicklich in einen zirca zehnminütigen Schlaf. Einmal wachte ich auf, da schauten zwei Kinder durchs Seitenfenster. Ich glaube, die dachten, ich sei tot. Wenn es regnet, schlafe ich bei geschlossenem Dach. Ich erwache langsam, und die Geräusche des Waldes sind plötzlich ganz nahe gerückt und familiär. Ich esse jetzt die Banane und trinke die Hälfte des Grüntees. Aus der Milde der Schläfrigkeit heraus laufe ich los. Die ersten vier, fünf Kilometer sind fast immer ein Kampf gegen den Wunsch, mit dem Laufen aufzuhören und statt dessen einfach nur spazieren zu gehen. Sie führen über tiefsandige Wege, die viel Kraft kosten, durch Schlamm und quer durch einen Buchenwald, wo ich manchmal im Herbst einen Steinpilz finde und in der Kapuze meines Sweat-Shirts mitnehme. Ich muß über Äste springen und über zwei Wegabsperrungen. Wenn ich das irgendwann nicht mehr schaffe, werde ich mich als alt betrachten. Alle aktuellen Bedrückungen lasten auf meinem Geist sowie die Frage, was das alles soll. »Was versprichst du dir davon?« fragen mich meine Beine und stellen sich müde und geschunden. Das ist jedesmal so. Nach der ersten kleinen Steigung engt sich oft – besonders, wenn ich am Abend zuvor getrunken habe – mein Gesichtsfeld ein. Ich werde zittrig und sehr weinerlich. Diesen Zustand zu überwinden ist qualvoll. Ich versuche, mich von meinem Körper zu entfernen und mir von den Baumwipfeln aus zuzuschauen. Wenn das funktionieren würde, könnte man geneigt sein, die Existenz einer Seele anzunehmen. Leider gelingt es nie. Ein anderer Trick ist, den Schmerz und den drängenden Wunsch, stehenzubleiben, als etwas Abstraktes aufzufassen, als einen Forschungsgegenstand, könnte man sagen. Man muß sich außerdem mitteilen, daß es erfahrungsgemäß nach zehn Minuten besser wird. Etwa in der Mitte der Strecke folge ich für zwei, drei Kilometer einer asphaltierten Straße. Dieser leicht und sehr schnell zu laufende Abschnitt bringt mich zum ersten Mal in einen befreienden Atemrhythmus. Zwei Schritte einatmen, zwei Schritte ausatmen. Das Profil der Geländelaufschuhe schmatzt auf dem Asphalt. Ich fühle mich jetzt jünger und stärker als zuvor. Ich bekomme Tatendurst, denke mir erste Lösungsstrategien für die aktuellen Bedrückungen aus und trage sie einem Publikum vor. Ordnung stellt sich ein in meinem Leben. Das Herz ist offenbar nach wie vor gesund und leistungsfähig, die Durchblutung perfekt. Am Ende der Asphaltstrecke, gegenüber von einem großen Gehöft, biege ich nach rechts ab, zurück in den dichteren Wald. An dieser Stelle bin ich meist schon erstaunlich attraktiv. Beruflich, fortpflanzungstechnisch und überhaupt existentiell werde ich voraussichtlich in absehbarer Zeit einige markante Erfolge erzielen. Zum Auto sind es bei Normgeschwindigkeit noch gut zwanzig Minuten. Zunächst quere ich ein Waldstück mit Fichtendickungen, die von schönen alten Buchenhainen unterbrochen werden. Hier ist das Revier der lesbischen Hirschkühe. Sie sind zu sechst oder zu siebt, stehen gerne zur Dämmerungsstunde in den hinteren Bereichen der Buchenhaine, halten offenbar sehr eng und schwesterlich zusammen, allerdings immer nur bis kurz vor der Brunftzeit. Dann sieht man sie bis zum kommenden Frühjahr nicht mehr. Ein Hirsch ist mir in den gesamten zwanzig Jahren erst ein einziges Mal begegnet, er trug ein Geweih mit unzähligen Enden. Das letzte Stück am Waldrand entlang habe ich bereits erwähnt. Ich passiere mehrere Hochsitze, die mein Nachdenken stören, besonders in der Dämmerung, wenn teure geländegängige Fahrzeuge aus Hamburg in der Nähe der Ansitze stehen. Ich huste mehrfach laut, aber auch Hirsche machen Ähnliches, und es hilft ihnen nichts. Kurz vor dem Ende der Strecke wohnen zur Linken einige schöne Pferde, die besonders bei schlechtem Wetter herbeilaufen, sobald sie mich sehen. Bei gutem Wetter sind sie autistisch. Manchmal verkleinere ich meine Schritte, fasse im Vorbeilaufen ein, zwei Pferdeköpfe an und solidarisiere mich mit den Tieren. Dann, mit der Vorfreude auf das Ende im Herzen, nehme ich den letzten Kilometer. Vor zwanzig Jahren war der Weg hier fest und grasbewachsen. Jetzt haben ihn die Reitersleute in eine langgestreckte Sandgrube verwandelt, die meine Beine noch einmal fordert.

Während der Heimfahrt genieße ich die Erschöpfung und das Brummen des Dieselmotors. Ich trinke den restlichen Grüntee. An einer Tankstelle kaufe ich mir ein Speiseeis mit Aprikosengeschmack. Es gehört zu den

Glanzpunkten meines Daseins, mich nach dem Waldlauf zu Hause für eine Weile hinzulegen. Am nächsten Morgen habe ich gefrühstückt und meine Hemden gebügelt. Es ist Sonntag, meine Wohnung brummt vor Ereignislosigkeit. Die zweite Kanne Kaffee erfüllt mich mit heftig aufgabenloser Tatkraft. Ich wechsele zwischen den Fenstern zur Straße und denjenigen zum Innenhof. Um etwas Autolärm hereinzulassen, öffne ich ein Fenster zur Straße. Zwei, drei Stunden lang bin ich im panischen Gefühl der Existenzverschwendung gelähmt. Schließlich fahre ich wieder in den Wald, genau wie gestern und wie seit zwanzig Jahren. Bei der Gelegenheit nehme ich heute das Altpapier mit und die ganzen leeren Weinflaschen für den Container. Irgendwie hebt das mein Gemüt ein wenig.

Auf dem Holmenkollen. Nicht erst der Erwerb eines edlen Konsumartikels erfüllt mich mit einem Gefühl wie nach der Rache an einem meiner Feinde oder nach einer öffentlichen Würdigung meiner Person. Es ist vielmehr bereits die Planung des Konsumaktes, die mich wochenlang beschäftigen und befriedigen kann. Da kommt es am Ende gar nicht so sehr darauf an, ob ich wirklich kaufe. Hauptsache, ich habe es vorgehabt, ich habe Warenkunde betrieben und Expertenwissen angehäuft. Ich habe geplant, Entschlüsse zu fassen. Bereits die bloße Vorstellung davon, wie ich die Autonomie meiner Subjektivität und die Freiheit meines Willens im abwägenden Konsumakt unter Beweis stelle, erheitert heutzutage mein Gemüt. Vorbei die Zeit, als die Entscheidungsunfähigkeit mein Leben vermieste und vermickerte!

In diesem Frühjahr erforschte ich die Konsumräume, die eine Einladung zu einer Europaratkonferenz in Oslo mir eröffnete. Es würde um die künstlerische Ausdrucksfreiheit speziell »im virtuellen Raum« gehen. Ich war Experte zum Thema »Symbolic order of the new electronical space«. War ich gerüstet?

In Oslo sei das Wetter im Juni meist mild, behauptete das Einladungsschreiben, »the sky lofty and clear«. Lofty and clear! Das klang gut. Ich liebte die klare, frische Bläue Skandinaviens, unbekannterweise, sozusagen. Schließlich war ich noch nie dort oben gewesen. Höhepunkt der

Konferenz sei ein Festbankett: »Dress code: formal«. Also mußte ich einen dunklen Anzug, Sakkos, Hosen, mehrere Hemden und reichlich Krawatten mitnehmen. Ich weiß niemals im voraus, welche Kombinationen meinem Gesichtsausdruck und dem aktuellen Stand des Selbstwertgefühls entsprechen werden. Erst die tatsächliche komplexe Stimmungslage entscheidet über die tagesästhetischen Gesetze. Ich würde bereits samstags anreisen, um einen günstigen Flugtarif auszunutzen. Erst am Montag würde die Konferenz beginnen. Ich hatte also viel freie Zeit und plante für den Sonntag eine Wanderung auf dem Holmenkollen, sozusagen einen kleinen Urlaub. Wie angenehm, Bürger und aktiver Repräsentant der europäischen Staatengemeinde zu sein! Unter dem hohen und klaren Himmel wäre vielleicht maritime Bekleidung die richtige, zumal man vom Holmenkollen aus auf den Oslofjord hinausschaut. Jedenfalls eröffnete die Holmenkollen-Webcam im Internet ein entsprechendes Panorama. Das weiße Matrosenhemd, das mich so trefflich kleidet, könnte zum Einsatz kommen. Schließlich hatte ich viel von der Schönheit der norwegischen Frauen gehört.

Wenigstens einmal wollte ich überdies während der Konferenz in attraktiver Freizeitkleidung und Bluejeans erscheinen. Solch ein Auftritt im Rahmen einer streng ritualisierten Offizialität läßt ungebändigte, anarchisch-genitale Energien zunächst im Auftretenden erahnen und setzt sie sodann bei den Rezipientinnen frei. Erscheint man später wieder in strenger Business-Kleidung, ist die Erinnerung an die maskuline Wildheit immer noch lebendig und paart sich mit der Aura der begüterten Seriosität – eine Traumkombination für die Wunschmaschinen der Frauen. Allerdings, daran erinnerte ich mich an dieser Stelle meines Gedankenflusses, meine Freundin akzeptierte keine meiner Bluejeans. Ich solle mir endlich einmal eine kaufen, die meine schmalen Hüften richtig betone. »Das ist es nun einmal, was den Mann ausmacht«, sagte sie mit Kompliment und Tadel in der Stimme, vielleicht auch mit einer Andeutung bislang ungeahnter Bereitwilligkeiten für den Fall, daß ich endlich eine richtig männliche Bluejeans tragen würde. Ich unterbrach also mein mentales Packgeschäft und besuchte zunächst einen Jeanshosen-Spezialladen in der Hamburger Innenstadt. Alsbald standen zwei Verkäuferinnen bei mir, denen ich, gegen die laute Technomusik anschreiend, das Lastenheft erläuterte, das die Jeans zu erfüllen hatten. Sie schleppten eine Menge Hosen heran und mußten deren Wirkung schildern, insbesondere, was Gesäß und Hüften betraf. Es stellte sich heraus, daß die von mir seit Jahren bevorzugte Marke nach wie vor die beste Performance zeigte, allerdings um die Hüften zwei Zoll enger als bisher zu tragen war. Zwei Tage lang hatte ich Probleme im Schritt, ehe die neue Hose sich an mich gewöhnt hatte.

Viel schwieriger war die Sache mit dem dunklen Anzug. »Formal dinner at Akershus Castle, hosted by the Norwegian Government«, stand in den Papieren. Natürlich wußte ich, wo ich einen adäquaten Anzug hätte kaufen können. Aber ich hatte nicht die Mittel, um den Irrealis aus diesem Satz zu verbannen. Testweise, weil Boris

Becker immer so gut im Armani-Anzug kam, betrat ich den Armani-Laden. Ich trug mein bestes Sakko und setzte den unwirschen Gesichtsausdruck eines selbstbewußten Geschäftsmannes auf. Allerdings glaubte ich nicht ernsthaft, daß irgend jemand darauf hereinfiel. Schon als Kind hatte ich stets das Gefühl, mißraten, gescheitert und irgendwie zwielichtig zu sein, obwohl ich dieses Wort damals gar nicht kannte. Als der Verkaufsberater den Preis für den dunklen Anzug nannte, den ich gerade anprobierte und dessen Hosenlänge bereits für mich abgesteckt war, »Dreitausendzweihundert«, nickte ich mit ruhigem und entschlußfreudigem Gesicht. »Der wird's wohl werden«, sagte ich, »falls ich in der nächsten Stunde keinen Anzug finde, der noch mehr kann, ist dieser hier meiner.« »Selbstverständlich, der Herr«, sagte der Berater, »wir legen ihn gerne für Sie zurück.« Die Meßlatte war nun ebenfalls gelegt und die Stärke des Schmerzes erahnbar, den der schließlich im »Designer-Discount« erworbene schwarzbraune Kompromißanzug in mir hervorrufen würde, so oft ich ihn trug.

Inzwischen bedeckte die Kleidungsauswahl meinen Eßtisch. Obendrauf lagen Sonnenbrille und Photoapparat. Ich mußte im Stehen frühstücken. Besaß ich überhaupt adäquates Reisegepäck? Ich stieg hinauf auf den Dachboden, wo meine Sammlung von Koffern, Taschen und Rucksäcken eine ganze Ecke ausfüllte. Packte mich das Fernweh, genügte oft ein Besuch bei meinen Gepäckstücken. Allerdings ergaben einige Probepackungen, daß schon wieder neues, auf die Anforderungen Oslos hin optimiertes Reisegepäck her mußte. Herrlich! Eine äußerst anspruchsvolle Konsumptionsaufgabe war zu bewältigen, die meine ganze Entschlußkraft fordern und demonstrieren würde! Benötigt wurde vor allem ein ziemliches Volumen: Mehrere Paar Schuhe waren unterzubringen, die beiden umfangreichen Beutel für Pflegeartikel und Reiseapotheke, Tagungspapiere, die Klarsichthülle mit meinem Vortrag. In einem gesonderten Fach sollten Hemden, Krawatten, Hosen, Anzug und Sakkos knitterfrei bleiben. Rollen hätten mir zu ermöglichen, mich ohne Verlust meiner Würde, ohne zu schwitzen und vor allem: ohne Kontakte mit Taxifahrern zu bewegen. Natürlich sollte das alles auch gut aussehen, also schlicht sein, ohne Aufdrucke und Applikationen. Unpassende oder häßliche Gepäckstücke beschädigen den Transporteur so energisch wie ansonsten nur schlechte Schuhe und Krawatten ihren Träger.

Die Reisegepäckbranche ist ein lebendiges Feld. Die Weiterentwicklung des Oma-Einkaufsrollers, der sogenannte »Trolley« oder auch »Caddy« verdrängte offenbar zunehmend den Schalenkoffer. Ich führte zahlreiche Gespräche, studierte Prospekte, verglich Preise. Die Entscheidung fiel spät: Ich kaufte einen sehr großen schwarzen Caddy aus einem Material, »das auch in den kugelsicheren Westen der US-Marines zur Verwendung kommt«, wie der Verkäufer ausführte. Er besaß einen integrierten Kleidersack und lief auf doppelt-kugelgelagerten Inlineskates-Rollen. Überhaupt seien »viele militärische Forschungsergebnisse« in die Entwicklung des Gepäckstücks eingeflossen. Das Proberollen vom Hamburger Jungfernstieg zum Dammtorbahnhof verlief sehr zufriedenstellend. Selbst kurze Sprints und überraschende Richtungswechsel brachten den Caddy nicht in Verlegenheit. Mühelos lief er in der Spur. Noch am selben Abend legte ich eine elegische Musik auf und packte final, sieht man von Rasierschaum, Klinge und Zahnpflege-Set ab, die ich erst am Reisemorgen beifügen wollte.

Am Vortag der Reise wurde die Konferenz wegen eines Streiks in Oslo abgesagt. Alles sollte nun Mitte September stattfinden.

»The autumn colours start to come out, and the sky is usually high and clear this time of year – it is a beautiful season.«

Auch nicht schlecht! Da fuhr ich am besten im australischen Staubmantel los, legte den Seidenschal mit dem dezenten Paisleymuster um und setzte eine der Jahreszeit assimilierte menschlich gereifte und resignative Miene auf. Den ganzen Sommer über lag der gepackte Caddy auf dem Tisch. Endlich war September, endlich ging es los. In Oslo regnete es stark, der Himmel hing auf der Erde. Der Oslo-Marathon legte den Verkehr lahm. Ich saß über eine Stunde lang neben dem gesprächigen Taxifahrer, ehe es weiter ging. Während meines Holmenkollen-Spazierganges war das Matrosenhemd verdeckt von meiner orangefarbenen Regenjacke mit dem großen Aufdruck »Rain-Drops« auf dem Rücken. Ich verschlammte mir die neuen Bluejeans. Zwei wunderschöne blonde Frauen kamen mir entgegen gejoggt. Ich glaube, es waren Mutter und Tochter. Trotz der Kühle trugen sie kurze, knappe Höschen. Zur Not wollte ich auch die

Mutter akzeptieren. Sie nahmen mich nicht zur Kenntnis. Zur Konferenz waren zweiundneunzig Herren und drei Damen angereist, aus fünfunddreißig Nationen. Zum Beispiel gab es jemanden aus Moldawien und zwei Leute aus Tadschikistan oder so. Ab und zu sagte jemand empört ins Mikrophon: »Don't forget the Salman-Rushdie-Case!« Schließlich billigte die Konferenz eine Resolution gegen die British Airways, die Rushdie nicht mitnehmen wollte. Eine zweite Resolution gegen Sex im virtuellen Raum wurde vertagt. Mein Beitrag entfiel leider aus Zeitgründen.

Am letzten Abend kam es dann zum »formal dinner at Akershus Castle« und mein schwarzbrauner Kompromißanzug zum Einsatz. Ich war der bestgekleidete Mann. Die sehr elegante norwegische Kulturministerin drückte mir die Hand ein wenig länger als den anderen. Über dem Oslofjord lagen die Nebel. Mir gegenüber am Tisch saß ein trauriger junger Autor aus Rumänien in schadhaften nassen Turnschuhen und schwarzer Patchwork-Lederjacke. Er hatte mir am Abend zuvor schon von einem Dichter mit kompliziertem osteuropäischem Namen erzählt, den ich lesen müßte. »Read him!« stieß er immer wieder hervor und sah mich dabei verzweifelt und drohend an, »read him«. An diesem Abend rührte er weder Côte Rôtie noch Waldbeeren mit Sauternes an, alles übrigens ausgesprochen köstlich. Schließlich reichte er mir einen Zettel mit dem folgenden Gedicht über den Tisch:

»The fog is coming down
on us. Autumn arrives

early this year.
You have to close
Your eyes
to see the town.«

Unwillkürlich rollte ich beim Lesen das »r« ebenso stark wie der Dichter. Am nächsten Tag flog ich nach Hamburg zurück. Es hatte aufgehört zu regnen, ich trug den australischen Staubmantel. Wie ein wohlerzogener schwarzer Hund lief mein Caddy neben mir her nach Hause.

Der König der Nacht. Der Gedanke an Schlaflosigkeit darf sich gar nicht erst in meinem Gehirn einnisten. Wenn ich abends zu Bett gehe: Das ist der kritische Moment. Ich merke, wie sich der üble Gedanke heranschleicht und wie er gedacht werden will. Jetzt heißt es, die Seele flach zu halten. Kaum habe ich mich unter der Decke ausgestreckt, schalte ich meine 37er Sony-Glotze an, die am Fußende des Bettes auf einem Designer-Tischchen steht. Der Einsatz der Fernbedienung verleiht mir sofort eine heitere Souveränität, die noch wächst, wenn ich in meinen Gedanken das englische Wort »remote control« benutze, Kontrolle von abgelegener Position aus. Das klingt wunderbar, viel besser als »Fernbedienung«. Ich drücke ein wenig fester als nötig auf den Startknopf der Kontrolle.

Es ist ungefähr 23 Uhr, da kann ich sicher sein, Sexsendungen zu finden, in denen tätowierte Personen so tun, als hätten sie Sexualverkehr. Unter allen möglichen journalistischen Vorwänden werden solche Geschöpfe präsentiert. Offensichtlich haben sie in ihrem Leben reichlich Aufschnitt, Kartoffelchips und Schokolade zu sich genommen. Ein weißrotfleckiges männliches biologisches System beschäftigt sich mit einem weißrotfleckigen weiblichen System. Man leckt sich wechselseitig die unterschiedlichsten Geschlechtsteile. Zum Glück sieht man die Köpfe nur von hinten. Dann steigt die Frau auf den Mann, dann muß sie sich hinkauern, und er arbeitet sich scheinbar von hinten in ihr ab. Schließlich sind sie beide scheinbar final beglückt, sie bäumt sich pseudoekstatisch auf, und er gibt ihr, sich zu ihrem mißratenen Antlitz hinunterbeugend, tatsächlich einen postkoitalen Stempelkuß.

Diese Sendungen wirken sehr beruhigend auf mich. Die letzten Überlebenden unter meinen Wünschen sterben in mir ab. Ich wechsele zu Alfred Biolek. Sandra Maischberger wäre mir eigentlich lieber, aber an die könnten sich eventuell aus abgelegener Position positive Gedanken heften, und mit denen habe ich gerade gründlich aufgeräumt.

Gegen halb zwölf betätige ich die Kontrolle und schalte die Glotze aus, um noch ein wenig zu lesen. Schon vor Jahren habe ich aufgehört, sogenannte Literatur zu rezipieren. Die Gefahr ist viel zu groß, daß von existentiellen Problemen und durchwachten Nächten die Rede sein könnte, von Gebresten, tödlichen Krankheiten, Liebesnot oder dergleichen. Ich nehme mir eines der Journale vor, die neben meinem Bett liegen, für männliche Körperertüchtigung beispielsweise oder, in jüngster Zeit besonders gern, für Autoliebhaber aller Richtungen. Gerne lese ich auch Frauenzeitschriften mit diversen weiblichen Vornamen. Einen Vornamen meide ich, weil ich immer noch zusammenzucke, wenn dieser Name fällt. Ich bemerke, daß sowohl in den Journalen für den Mann als auch in denen für die junge oder reifere Dame immer wieder Anleitungen zu finden sind, wie es der Mann den Frauen sexuell recht zu machen hat. In den Männerjournalen haben diese Texte einen ironischen, in denen für Frauen einen spöttisch-aggressiven Unterton, der sich besonders gegen die männlichen Genitalien richtet. Aber es stehen die gleichen Sachen drin, zum Beispiel, wie man eine Frau nicht tölpelhaft, sondern vielmehr perfekt oral befriedigt, und daß man als Mann niemals seinem Impuls folgen darf, sich gleich nach dem Geschlechtsverkehr ein paar Minuten mit interessanten Dingen des Alltagslebens zu beschäftigen. Inzwischen muß eigentlich auch der letzte Depp einen Cunnilingus hinlegen können, daß es sich gewaschen hat. Es würde mich interessieren, was die Statistiken hierzu sagen. Entsprechende Anleitungen für Frauen habe ich merkwürdigerweise noch nie gesehen. Gerne lese ich auch Kataloge von Reiseveranstaltern. Ich besorge mir ganze Taschen voll mit diesen Heften, die mein Gemüt erhellen mit ihren blauen Himmeln, ihren Segelbooten, ihren Swimmingpools, an denen vereinzelt gnädig retuschierte Gestalten liegen. Besonders reizvoll sind die Hefte der Spezialreiseveranstalter, die Touren durch den Urwald oder in den Himalaja anbieten. Wenn ich sie durchblättere, habe ich das Gefühl, ein anspruchsvoller und überdies körperlich durchtrainierter Kunde zu sein, der seinen Ort im Leben gefunden hat. Manchmal schlafe ich ein mit den schönen Bildern im Kopf, und es gelingt mir, die heitere Stimmung in meine Träume hinüber zu retten. Ich merke das morgens daran, daß ich mich nicht ganz so zerschmettert fühle wie normal.

Sehr oft klappt es allerdings trotz allem nicht mit meinem Schlaf. Gegen drei Uhr erwache ich. Wenn ich die ersten paar Sekunden überstehe, ohne zu denken »jetzt ist es aus!«, habe ich gute Chancen, nach zwei, drei Minuten wieder einzuschlafen. Falls nicht, ist es aus. Ich habe mir nichts geschaffen, nichts habe ich geleistet. Alles habe ich verdorben. Nur Fehler habe ich gemacht. Wieviel Schuld habe ich auf mich geladen! Wie konnte ich zum Beispiel dieses neue Auto bestellen? Mein ganzes Geld wird draufgehen. Bloß, weil ich ein vereinsamtes Dreckschwein bin. Mein Magen fängt an, gegen das Herz zu drücken. Ich drehe mich auf die rechte Seite. Was liegt morgen an? Dies und jenes ist zu erledigen, weil irgend jemand es so will. Es wird wieder ganz furchtbar. Ständig wird man behelligt. Man muß auf etwas reagieren, was von außen auf einen zukommt. Das ist wirklich schlimm. Genau genommen, nervt mich alles, was geschieht. Ich habe keine Zeit für solche Dinge. Mein Leben verschwindet in Windeseile, wie kann ich mich da mit etwas anderem beschäftigen? Aber ich weiß nicht genau, wie diese Beschäftigung aussehen soll. Ununterbrochen denke ich darüber nach. Innerhalb weniger Minuten verkürzt sich jetzt die mir verbleibende Lebenszeit auf einen kleinen, praktisch gar nicht vorhandenen Rest. Überdies wird mir dieser Rest viel kürzer erscheinen als ein gleich langer Zeitraum in meiner Kindheit und Jugend. Ich gerate in Panik. Es ist zu bedenken, daß mit Sicherheit Tumore in mir heranwachsen. Mein Herzschlag ist jetzt nicht nur viel zu hart, sondern auch viel zu schnell. Der Bauch bläht sich immer mehr auf, ich lasse einen sehr lauten, außerordentlich männlich-souveränen, trompetenstoßartigen Furz, und dann noch einen. Das Bett erzittert. Immerhin! Wenigstens diesen einen Vorteil hat es, daß keine Lebensgefährtin neben mir liegt.

So etwa ist bislang meine durchschnittliche Schlaflosigkeit abgelaufen. Seitdem mein neues Fahrzeug da ist, geht es mir viel besser. Der gesteigerte Lebensmut liegt an der ferngesteuerten Zentralverriegelung des Wagens. Sie ist eine quantitative und qualitative Steigerung der Fernsehkontrolle aus abgelegener Position. Schon aus beträchtlicher Entfernung kann ich mit der kleinen schwarzen Verdickung am Zündschlüssel zielen. Ich liebe diese entschlossene Geste, diesen Aktivierungsvorgang. Ich drücke den Auslöser. Der Wagen gehorcht und grüßt mich mit seinen vier Blinklichtern. Gleichzeitig hupt er kurz, ganz kurz, es stört niemanden, aber es ist deutlich zu hören. Er begrüßt seinen Besitzer und öffnet alle seine Türen für mich, »Klack!« Irgendwie ist es, als warte da ein schöner, metallicgrüner, glänzender Kamerad, der mich liebt, der zu mir gehört, der ein Teil meines Daseins ist oder ein pflegeleichtes Zusatzorgan. So muß das mit einem treuen Hund sein. Er wartet, wenn es sein muß, tagelang, jahrelang. Wenn ich ihn verlasse, nachdem ich ihn eingeparkt habe, gehe ich zunächst ein paar Schritte von ihm weg und tue so, als hätte ich ihn vergessen. Dann wende ich mich unerwartet um, ziele sehr dominant mit dem Schlüssel auf den Wagen und »Klack!«. Ich wünsche nun einmal nicht, daß er weiter geöffnet bleibt!

Nachts gegen vier stehe ich am Fenster meiner Dachwohnung und sehe unten auf der Straße meinen neuen Wagen stehen. Von meiner sehr abgelegenen Position aus betätige ich mehrfach die Kontrolle. Der Kleine dort unten wird ganz närrisch. Ich rücke einen Stuhl ans Fenster und setze mich. Der König der Nacht sitzt auf seinem Ansitz. Ich habe mir eine Tasse Kräutertee aufgegossen, sitze wieder am Fenster, öffne es und drücke noch zweimal die Kontrolle. In der Stille höre ich dann, wie es klackt: auf und zu, »Hup!« und: »Klack!« Dann sage ich zu mir: »So glad to be alone.« Eine tiefe Ruhe kommt auf mich hernieder. Ich schaffe es gerade noch bis zum Bett und schlafe sofort ein.

Die Putzhilfe. Sieht man von den Wochenenden ab, benutze ich meine Wohnung fast ausschließlich zum Schlafen. Wenn ich abends, meist nicht vor acht Uhr, von meinem Job nach Hause komme, setze ich mich noch eine Stunde vor das Fernsehgerät, beantworte ein paar E-Mails oder telephoniere ein bißchen rum. Sehr bald bin ich jedoch an einem Punkt meiner Gemütsbewegung angekommen, an dem es mir aus stilistischen Gründen ratsam erscheint, möglichst bald von diesem Planeten abzutreten. Ich tue das, indem ich mich ins Bett lege, einen Roman zur Hand nehme und nach wenigen Zeilen einschlafe. Seit Jahren habe ich dasselbe Buch im Bett liegen. Manchmal dauert es eine Weile, bis ich merke, daß ich die Passage bereits kenne. Insgesamt habe ich sowieso längst vergessen, worum es geht. Ich habe mir angewöhnt, sonnabends vormittags die Wohnung in Ordnung zu bringen und die Waschmaschine anzuschalten. Die rotierende Trommel verschafft mir das Gefühl, daß sich etwas bewegt in meinem Leben. Es geht mir immer gut, wenn die Trommel sich dreht. Die Wäschestücke halten eine erstaunlich konstante Position in der Trommel. Manchmal setze ich mich auf einen Hocker vor die Waschmaschine, trinke eine Tasse Kaffee und schaue zu. Ehrlich gesagt: Das gefällt mir besser als Fernsehkucken. Das samstagvormittägliche Staubsaugen macht mir ebenfalls Spaß, auch wenn ich vor mir selbst immer so tue, als sei es eine Last. Ich stöhne und wische mir den imaginierten Schweiß von der Stirn, als seien Zuschauer vorhanden. Aus den Zeiten, in denen ich jede Menge Bücher kaufte und las, ist eine Bibliothek von zwei-, dreitausend Bänden zurückgeblieben, die mich mit ihrer Anwesenheit und mit dem Staub, der sich auf den Oberseiten der Buchblöcke ablagert, unsagbar nervt. Alle drei bis vier Putzvormittage staube ich die Buchblöcke ab. Ich besprühe sie zunächst mit Wasser, damit kein Staub aufgewirbelt wird, dann wische ich. Dabei stehe ich auf einer Leiter vor einem der siebzehn Billy-Regale, die überall in der Wohnung verteilt sind, und ich beschimpfe die Bücher. »Widerliche Grabstätten des Geistes!« rufe ich empört. Gut, daß niemand zuhört!

Vor zirka zwei Monaten ist es mir gelungen, zwei Billys, die mein Eßzimmer verschandelten, einzusparen. Ich mußte dafür etwa fünfzig Bände Marx, Engels, Lenin und dergleichen, den gesamten Grass, Walser und einen Teil meiner Studienbücher, Literaturgeschichten, pädagogische Fachliteratur und so weiter entsorgen. Es war an jenem Mittwoch, auf den ich gleich noch zu sprechen kommen werde. Ich hatte mir einen Tag Urlaub genommen, um die Vernichtungsaktion in Ruhe durchführen und auskosten zu können. Den Mittwoch hatte ich gewählt, weil die Arztpraxis in meinem Haus Mittwoch nachmittags geschlossen hat. Ich wollte während meiner Aktionen nicht von behandlungsbedürftigen Patienten beobachtet werden. Außerdem werden immer mittwochs morgens die Papiercontainer in meiner Straße geleert. Es war ein unerhörtes Hochgefühl, als die ersten fünfzehn blauen und roten Marx- und Leninbände, als die »Prolegomena zu einer historisch-materialistischen Behindertenpädagogik« und die »Einführung in die generative Transformationsgrammatik« laut polternd in den leeren Container stürzten. Ich sah die fleckigen Buchblöcke, und ich wußte, ich würde sie niemals wieder abstauben müssen. Als ich zum dritten Mal am Container ankam, schwer beladen mit Teilen einer zweiunddreißigbändigen Literaturgeschichte, für deren Entstehen ganze Forschergenerationen ihre Leben geopfert hatten, steckte der Oberkörper eines Mannes in dem geöffneten Behältnis. Der Mann trug eine rot-blau-gescheckte Outdoorjacke, braune Cordhosen und graue Schuhe mit angeschweißten Sohlen. Ich stellte meine Kiste auf den Rand des Containers, aber der Mann neben mir ignorierte mich und wühlte weiter in den Büchern. Er hatte eine kreisrunde Tonsur auf dem Kopf. Das Resthaar trug er gleichwohl lang und gewellt. Ich ließ den Band I der Literaturgeschichte, »Von Archilochus bis zur Gesetzgebung des Drakon«, hinunterfallen. Eine Ecke des Einbandes traf genau auf den Ellbogen meines Nachbarn. Der Mann schrie auf, fuhr hoch und knallte mit dem Kopf gegen den halb geöffneten Deckel des Containers.

»Au, das tut weh!« sagte ich.

Mit Haß im Gesicht sah der Mann mich an.

»Wie kann man nur Bücher wegwerfen!«

»Sie stauben ein!«

»Sie hätten garantiert bei der Bücherverbrennung mitgemacht!« sagte der Mann.

Er beugte sich wieder hinunter in den Container und entnahm ihm einige Bände, die er sich zusammengesucht hatte. Obenauf lag ein Buch von Heinrich Böll, und irgendwie freute ich mich sogar darüber, daß der gute alte Böll jetzt eine neue Zukunft hatte, im Billy-Regal meines Kontrahenten. So war doch allen geholfen!

»Bitte bedienen Sie sich«, sagte ich, »ich kann Ihnen die Bücher ja zeigen, ehe ich sie weg tue.«

Ich sagte »weg tue«, das klang harmloser als »wegschmeißen«. Als ich das nächste Mal zum Container kam, war der Mann mit seinem Kombi vorgefahren. Er nahm etwa die Hälfte aller Bücher ab, die ich noch anschleppte. Unterwegs schloß ich mit mir selbst Wetten ab, welches Buch er nehmen würde. Zum Beispiel war ich mir sicher, daß er meine Elfriede-Jelinek-Sammlung retten würde. Aber nichts da. Sie plumpste ungehindert in den Container. Am Ende gingen wir sehr freundschaftlich miteinander um, der Mann mit der Outdoor-Jacke und ich. Wir verabschiedeten uns per Handschlag, und ich sagte: »Viel Spaß mit den Büchern«, und er sagte: »Wenn Sie wieder mal Bücher wegschmeißen wollen ...« Er gab mir seine Visitenkarte. Er war kein Lehrer, sondern Abteilungsleiter in der Sozialbehörde. Auch schön!

Anschließend baute ich die Preßspanregale auseinander, saugte den Dreck weg, der sich hinter den Regalen angesammelt hatte, und trug die Bretter, die ich mit Paketband aneinander fixiert hatte, die Treppe runter. Ich wollte sie auf die Straße stellen. Sie würden rasch Liebhaber finden.

Ich bewohne die oberste Etage eines Gründerzeit-Hauses. Die erwähnte Arztpraxis im Hochparterre ist von einem Facharzt für Proktologie belegt, was ich gerne verschweige. Niemand darf glauben, er bliebe von der rektalen Atmosphäre verschont, die sich ausbreitet, wenn das

Wort »Proktologe« fällt, oder wenn er es gar selbst fallen läßt. Fast jedes Mal, wenn ich aus dem Haus gehe, begegne ich Patientinnen und Patienten, die entweder gerade die Praxis betreten oder sie gerade verlassen. Unwillkürlich stelle ich mir bei all diesen Menschen die Frage, welches proktologische Problem sie wohl umtreiben könnte. Mit meinem geistigen Auge schaue ich dann, ob ich will oder nicht, in die jeweilige behandlungsbedürftige Öffnung hinein. Ich kann nicht sagen, daß sich meine Befindlichkeit dadurch verbessert. Aber, was soll man tun? Ich wohne gut und preiswert, und ein Psychologe im Haus oder ein Fachgeschäft für Ehehygiene wäre kaum besser.

Als ich an dem erwähnten Mittwoch Nachmittag an der geöffneten Praxistür im Parterre vorbeikeuchte, verdreckt, verschwitzt, mit den Billy-Brettern auf den Schultern, dachte ich »Scheiße«, weil ich eine Konfrontation mit proktologischen Patienten nicht erwartet hatte. Mein Blick ging in den Empfangsraum der Praxis und traf auf das Gesäß einer offenbar jungen Frau, die auf den Knien lag und die Fußleisten abwischte. Die Frau trug eine dieser absolut putzhilfen-untypischen sandfarbenen modernen Stretchhosen, deren Nähte sich tief in die diversen Furchen ihrer Trägerinnen eingraben und die insbesondere die seitlichen Gesäßwölbungen optisch perfektionieren. Der dünne rosafarbene Pullover war nach oben gerutscht und hatte ein Stück der Taille entblößt.

Mein Sexualtrieb war bei meinen Mitmenschen schon lange und bei mir selbst seit vielleicht zwei, drei Tagen, aber insbesondere am Tag der Bücher- und Billyentsorgung in angenehmer Weise in Vergessenheit geraten. Der Anblick dieses herausgewölbten, perfekt geformten Frauengesäßes, an einer Stelle, an der ich seine Existenz am wenigsten vermutet hätte, nämlich auf dem Parkettboden einer proktologischen Praxis, vernichtete meinen erotischen Frieden wie ein Peitschenknall die Stille. Sekundenlang verharrte ich gelähmt vor der geöffneten Tür, die Regalbretter auf den Schultern. Zu lange waren die Transportgeräusche verstummt, als daß die Putzhilfe meine Erstarrung hätte ignorieren können. Sie drehte ihren Kopf mit den hochgesteckten blonden Haaren zu mir hin, und ich blickte in ein leicht stupsnäsiges, gleichwohl sehr hübsches dreißigjähriges blauäugiges Frauengesicht mit markanten Backenknochen.

»Hallo«, sagte ich, rückte die Regalbretter auf meinen Schultern zurecht und ging weiter. Fortan konnte ich an nichts anderes mehr denken als an die Proktologentür und an den Anblick, den sie mir eröffnet hatte. Als ich das zweite Mal und extrem langsam an der Tür vorbei ging, nahm die Putzhilfe gerade das Parkett feucht auf. Sie stand keine zwei Meter von mir entfernt, hielt eine langgestielte Putzapparatur in den Händen, drückte einen Hebel nach unten und zog ihn wieder heran, um mit Hilfe eines Gestänges den Schwamm über einem ovalen Eimer auszuquetschen. Ich brauchte zirka eineinhalb Sekunden, um die Türöffnung zu passieren. Das war Zeit genug für die schönen fetten Brüste, mir ins Auge zu springen.

So ging es fort. Es mag bei der fünften, sechsten Passage gewesen sein, ich schwabbelte absichtlich laut mit den vier Billyrückwänden aus Preßpappe, als die Putzhilfe mich anlächelte. Sie trug jetzt rote Gummihandschuhe, hielt eine Sprühflasche in der linken und einen Wischlappen in der rechten Hand.

»Vieli Arrbeit heute?« sagte sie.

Und, indem sie abermals hinreißend lächelte: »Ausziehn?«

»Ach so, nein, nein«, sagte ich, »nur Bücher wegwerfen.«

Daß ich jetzt versagte, daß ich wieder einmal meine existentiellen Interessen nicht verfolgte, daß ich nicht einmal charmant oder so lächelte, sondern vielmehr innerlich angstschlotternd meinen Weg fortsetzte, das konnte ich mir tagelang nicht verzeihen. Dann war die Tür zu, der freie Tag war vorbei, ich lag rastlos in meinem Bett und überlegte, wie ich mein Versagen kompensieren könnte. Ein Plan entstand, wurde zunächst verworfen, dann auf die Halde gelegt, auf der bereits Hunderte von Plänen für notwendige Existenzverbesserungsmaßnahmen lagerten.

Drei Wochen später ereilte mich in der Nacht zum Mittwoch ein derart dramatischer, mit einem masturbatorischen Schub verknüpfter Gemütsniedersturz, daß ich morgens gezwungen war, mich wegen meiner inzwischen allseits bekannten Migräne krank zu melden. Auf der Talsohle meiner Stimmung sagte mir mein dumpfes Gehirn, daß sich etwas ändern mußte in meinem Leben. Nun war das beileibe nichts Neues, daß ich mir so etwas sagte. Aber ich verband den Satz mit einem konkreten Entschluß: Ich würde die jahrzehntelange Suche nach der adäquaten Lebensgefährtin jetzt endlich zum Abschluß bringen! Vielleicht blieben mir ja noch ein, zwei glückliche Jahrzehnte! Ich würde die Putzhilfe nehmen!

Um die Mittagszeit saß ich an einem straßenseitigen Erkerfenster meiner Wohnung und beobachtete den Hauseingang mit Hilfe eines Handspiegels, den ich mit Klebeband an einem Besenstiel befestigt und einen halben Meter ins Freie geschoben hatte. Gegen vierzehn Uhr stürzte der Spiegel ab. Der Regen hatte das Klebeband gelöst. Ich streckte den Kopf zum Fenster raus, sah den Spiegel im Vorgarten liegen sowie die Putzhilfe, die gerade eingetroffen war. Sie blickte nach oben, offenbar um die Herkunft des Spiegels zu erforschen. Lässig winkte ich mit der rechten Hand und zog mich ins Zimmer zurück.

Im Laufe des Nachmittags hatte ich mehrere kurze Einkaufsgänge zu absolvieren, einen Schein-Brief zum Kasten zu tragen sowie Musikkassetten aus meinem Wagen zu holen. Allein, die Tür zur Proktologenpraxis war lediglich für eine kurze Weile geöffnet, was vielleicht mit der garstigen Witterung zusammenhing. Jedenfalls sah ich die Putzhilfe nur ein einziges Mal kurz von hinten, als sie gerade in die inneren Räume der Praxis wechselte. Die wunderbare Silhouette ihres Körpers hatte kaum Zeit, eine Spur in meinem Bildnisspeicher zu hinterlassen. Alles, was mir blieb, war die Tatsache selbst, sie kurz von hinten gesehen zu haben. Der Satzteil »kurz von hinten« erlebte dann im Laufe des einsamen Abends, den ich verbrachte, eine aufregende semantische Neuverortung.

So ging das alles nicht! Ehrlich gesagt: Ich war ja in Wahrheit erleichtert darüber, daß ich sie nicht hatte ansprechen können. Wenn es nämlich möglich gewesen wäre, hätte ich sowieso gekniffen oder versagt. Ich mußte mich dazu durchringen, endlich mein altes, bislang nicht diagnostiziertes Hämorrhoidalleiden behandeln zu lassen. Am folgenden Dienstagmorgen betrat ich die Praxis. »Ein Fall von Güterabwägung«, dachte ich, als die hübsche Arzthelferin meine Daten aufnahm. »Sie wohnen ja hier im Hause«, sagte sie und strahlte mich an. Vielleicht könnte ich ja nebenher etwas mit ihr anfangen, wenn ich die andere erst sicher hatte, überlegte ich kurz. Aber wer will schon einen proktologischen Patienten? Zum Glück war das Wartezimmer leer. Mit der Kuppe meines Zeigefingers überprüfte ich die Flächen der Regale und Fensterbänke. Kein Staub! Picobello!

Der Proktologe begrüßte mich als seinen Hausgenossen sehr freundlich, steckte mir dann einen glitschigen Tubus in den Arsch, schaute hinein und bestätigte meine Diagnose.

»Leicht vergrößerte Hämorrhoiden«, sagte er.

Hatte ich es doch gewußt! Allerdings sei das Leiden in einem harmlosen Anfangsstadium. Der Enddarm präsentiere sich ansonsten geradezu jungfräulich. Ein Sälbchen ab und zu sei völlig ausreichend.

»Sagen Sie«, sagte ich im Weggehen, ausgestattet mit einem durchaus angenehmen Rektalgefühl, »können Sie eigentlich Ihre Putzhilfe empfehlen? Ich suche nämlich eine, und das ginge doch im wahrsten Sinne des Wortes in einem Aufwasch hier im Hause.«

»Sie ist Polin«, sagte der Proktologe, »wir sind sehr zufrieden mit ihr.«

Und er gab mir ihren Namen und ihre Telefonnummer.

»Alicja Kaniewski«, las ich auf der Treppe, und oben in meiner Wohnung sprach ich den Namen »Alicja« in wechselnden sprachlichen Umgebungen probehalber aus: »Schön, daß du da bist, Alicja«, sagte ich, »Ja, so ist es gut, Alicja!« oder »Jetzt dreh dich um, Alicja!«. Das ging erstaunlich gut für den Anfang! Ich würde ihr einen dieser neuen Zoom-Push-Up-Büstenhalter kaufen, die ich in der Auslage eines Wäscheladens studiert hatte. Zwischen den Körbchen, oder sagen wir besser: zwischen den Körben befand sich eine mit einer Kordel und einer Klemme regulierbare Spannvorrichtung. Man konnte an der Kordel ziehen, je nach Wunsch die Brüste weniger, mehr oder sogar extrem heftig nach oben herausquellen lassen. Wenn man seine Ruhe haben wollte, löste man das Spannschloß, und die Brüste gingen nach unten in eine entspannte Ruheposition, wo sie auf ihren nächsten Einsatz warteten. Vielleicht konnte ich Alicja dazu bringen, im Zoom-BH feucht aufzunehmen? – Na, alles der Reihe nach!

Das folgende Wochenende verbrachte ich in den Bayrischen Alpen, um ein Motivationsseminar zu durchleiden. Führungskräfte unseres Unternehmens müssen solche Veranstaltungen regelmäßig absolvieren. Tagsüber beeilen sich alle, unter Anleitung der Trainer zu schwachsinnigen Kindern zu regredieren. »Wir glauben an den Erfolg«, rufen sie begeistert, grinsen und lachen glücklich und fassen sich an den Händen. Mich langweilt und ekelt das grauenhaft. Später wird dann reichlich kopuliert. Besonders die Verheirateten unter meinen Kollegen umwerben die mitgereisten Damen, die immer in der Minderzahl sind. Deswegen kriegen sogar die Häßlichsten einen ab. Nachts schreien und quieken alle, als risse man sich wechselseitig die Eingeweide aus dem Leib. Dieses Mal ging ich sehr früh zu Bett und dachte an mein süßes kleines Putzschweinchen. Am nächsten Tag setzte ich mich ein wenig von den Kollegen ab, um es anzurufen.

»Ja«, sagte eine männliche Stimme. Ich hasse es, wenn Leute sich am Telephon mit »ja« melden.

»Mein Name ist Stefan Rübzahl«, sagte ich wahrheitsgemäß. Ich würde gerne Frau Alicja Kaniewski sprechen.

»Worum geht das?« fragte der Mann. Ich hatte den Eindruck, er kaue an einem Bissen Essen herum.

»Ich möchte mit Frau Alicja Kaniewski über einen Reinigungsauftrag sprechen.«

»Moment!«

Ihre Stimme war wundervoll, hell und ein bißchen traurig, mit stark abfallender Sprachmelodie am Ende der Sätze. Ich liebte diese Stimme. Ich sei der Mann von neulich, sagte ich, der mit den Brettern usw., und ob sie vielleicht Zeit und Interesse hätte, nach oder vor der Proktologenpraxis meine Etage zu putzen. Wir vereinbarten 20 Mark die Stunde, und sie würde bereits am kommenden Mittwoch zum ersten Mal kommen.

»Ich werde nicht zu Hause sein«, sagte ich. Der Schlüssel liege auf dem Türrahmen, die Putzgerätschaften befänden sich in der Abstellkammer.

Montags machte ich früher als gewöhnlich Feierabend. Ich kaufte mir zwanzig Boxershorts aus Schweizer Produktion, einen anthrazitfarbenen Pyjama, Hausschuhe aus Hirschleder, zwei italienische Hemden in gewagtem Karodesign, einen royalblauen Hausmantel, drei Herrenparfums (ich konnte mich nicht für eines entscheiden) und eine große Sortimentspackung Kondome mit unterschiedlichsten Stacheln und Auswüchsen. Die halbe Nacht auf Dienstag putzte ich, besonders gründlich die Küche und das Badezimmer. Ich entdeckte erstaunliche Dreckecken, die ich offensichtlich seit Jahren systematisch ignoriert hatte, ganz ohne es zu merken. Jeden einzelnen Buchblock staubte ich mit einem feuchten Tuch ab. Nachts um zwei kamen die Fenster dran, ein neues Mikrofasertuch gab mir die Hoffnung, trotz der Dunkelheit Putzstreifen vermeiden zu können. Am Schluß reinigte ich das Klo. Hierzu faßte ich mit gummihandschuhbewehrter Hand weit in den Tiefspüler hinein. Die Brille rieb ich leicht mit einem meiner neuen Herrendüfte ein. Anschließend duschte ich, pinkelte mit ästhetischer Genugtuung und ausnahmsweise im Sitzen in die glänzende und duftende Kloschüssel und ging zu Bett. Alicjamaus konnte kommen.

Mittwoch Nachmittag, ich war gerade in der Zentrale der Deutschen Bank in Frankfurt, um unseren neuen, optimierten Netzwerkserver vorzustellen, dachte ich daran, wie Alicja, auf der vergeblichen Suche nach Staub, meine Wohnung durchmaß, wie ihre Bewunderung der gepflegten wohntechnischen Erweiterungen meiner Körperlichkeit imaginativ auf ebendiese übergreifen würde. Sie würde sich sagen, daß dieser Herr Rübzahl ein interessanter, gebildeter, vielleicht auch wohlhabender Mann sein muß. Warum gab es keine Frau im Leben dieses Mannes? Die deutschen Frauen wußten einfach nicht, was gut ist! Leise strich sie mit ihrer zärtlichen Hand über meinen gebügelten neuen Pyjama, der auf dem frisch bezogenen einsamen Bett lag. Später fand auch das Klo ihre besondere Anerkennung. Während ihr kräftiger Urinstrahl auf die Wasseroberfläche des Tiefspülers krachte, infizierte sich ihr Gesäß unvermerkt mit meinem Eau de Toilette. Ich erhoffte mir davon eine olfaktorische libidinöse Tiefenprägung, die sprunghaft und alle Hemmungen niederreißend zum Leben erwachen würde, sobald der Duft wieder in Alicjas Nase drang.

Trotz meiner gedanklichen Abschweifungen waren meine Geschäftspartner übrigens sehr zufrieden mit meiner Präsentation. Als ich donnerstags spät abends nach Hause zurück kam, fand ich einen kleinen Strauß Blumen auf meinem Eßtisch vor. »Gruß von Alicja« stand auf dem gelben Post-It-Zettel, der an der Vase befestigt war. Mit einem fast vergessenen Gefühl des Behütet-Seins ging ich zu Bett. Ich konnte mein Glück kaum fassen. Ab diesem Zeitpunkt unterließ ich das Masturbieren, um zu gegebener Stunde zwei bis drei besonders spektakuläre Ejakulationen zustande bringen zu können. Die folgenden Tage hindurch fiel ich meinen Kolleginnen und Kollegen durch meine ungewohnt heitere, gelöste Art auf. Am Wochenende montierte ich eine Reckstange im Gebälk des Dachbodens und begann damit, einmal pro Stunde jeweils zehn Klimmzüge abzuleisten. Es war eine Qual. Montags abends besuchte ich ein Sonnenstudio, zog mir allerdings durch die Wahl eines »Turbobräuners für vorgebräunte Haut« einen ziemlich heftigen Sonnenbrand am Gesäß und an den Leisten zu. Ich schlief kaum, die Verbrennungen schmerzten, ich hatte einen schrecklichen Muskelkater und einen eingeklemmten Nerv im Halsbereich. Außerdem litt ich, wohl aufgrund der konsequenten Vorratshaltung, an einem quälenden Priapismus, der von wahnhaft imaginierten Szenen mit Alicja begleitet und stabilisiert wurde. Erstaunlicherweise war das eigentliche Genital völlig unbeschädigt von der Strahlenüberdosis geblieben. Im Hinblick auf die ejakulative Performance am folgenden Mittwoch blieb ich jedoch standhaft.

Meine Müdigkeit und Zerrüttung halfen mir am Dienstag, einen heraufziehenden Migräneanfall glaubhaft publizistisch vorzubereiten. Meine Augen waren stumpf und gebrochen, mein Gang war schleppend, meine Stimme brüchig. Endlich fragte mich einer meiner Mitarbeiter, ob ich krank sei. Ich konnte mich als pflichtbewußter Vorgesetzter outen, der trotz erheblicher Schmerzen seinen Dienst tut. Am nächsten Tag allerdings würde mir das nicht möglich sein, am Mittwoch nämlich kam Alicja. Ich kaufte einen großen Blumenstrauß für den Eßtisch und verteilte einige Kerzen in der Wohnung. Einige meiner Bemühungen, ein erotisches Dauerglück zu erreichen, waren nach sehr hoffnungsvollem Beginn mit beiderseitiger Entflammtheit unter anderem daran gescheitert, daß ich keine Blumen, Kerzen und dergleichen bereit gehalten hatte, wenn die betreffenden Geliebten mich besuchten. Das sollte mir nicht noch einmal passieren. Mit einem Spiegel in der rechten Hand prüfte ich, bei welchem Lichteinfall ich an welcher Stelle meiner Wohnung am besten aussah. Im Schlafzimmer experimentierte ich mit verschiedenen Schrägstellungen der Jalousien, bis ich, im Bett liegend, mein Spiegelbild einigermaßen erträglich fand. Um die Mittagszeit duschte ich und trug das Eau-de-Toilette, das ich für die Toilettenbrille benutzt hatte, an den Stellen meines Körpers auf, an denen Alicjas Nase eventuell während des Liebesspiels vorbeikommen könnte, zum Beispiel auf die verbrannten Stellen an meinen Leisten. Auch mein Bettgestell rieb ich mit dem Duft ein.

Dann wartete ich. Die Stunden vergingen. Endlich klingelte es. Im royalblauen Morgenmantel öffnete ich die Tür. Mein Herz raste. Schön und drall stand Alicja vor mir, die Haare mit einer Klammer lose auf dem Hinterkopf fixiert, die Hände in roten Gummihandschuhen, die Brüste in einem zu engen BH. Darüber trug sie ein himmelblaues Rippenshirt, unten herum eine engsitzende Bluejeans. Zwischen Rippenshirt und Bluejeans war ein schmaler Streifen Bauchspecks zu sehen. Über ihrem Arm hing ein leichter Mantel und über der Schulter eine Tasche.

»Stephan Rübzahl«, sagte ich, indem ich ihr die gummibewehrte Hand schüttelte.

»Gutten Tag«, sagte Alicja mit verwirrtem Ausdruck in ihren leuchtend blauen Augen. Jetzt erst bemerkte ich den wunderbar traurigen Zug um ihren Mund, der zur Stimme paßte. Vielleicht rührte er daher, daß der Amorbogen ihrer vollen Oberlippe nur sehr schwach ausgeprägt war.

»Sie müssen entschuldigen, aber ich bin ein wenig krank heute – Kopfschmerzen«, sagte ich.

»Tutt mir leid.«

»Putzen Sie bitte ganz normal, es geht mir schon wieder ziemlich gut.«

Zwei Stunden waren vergangen, inzwischen war ich sehr hungrig geworden, und mein Magen knurrte, aber ich traute mich nicht, mir in der Küche etwas zu essen zu machen. Die Putzgeräusche Alicjas, denen ich durch die halboffene Schlafzimmertür lauschte, hatten mich in einem Ausmaß erregt, über das ich sogar selbst staunte. Einmal hörte ich, wie sie leise ein Liedchen summte, offenbar in Vorfreude auf die Putz- und Wischvorgänge im Schlafzimmer. Endlich streckte sie ihr Köpfchen durch den Türspalt, unten sah ich den Eimer und den roten Gummihandschuh. Ich lag mit halb aufrechtem Oberkörper im Bett, hatte als vertrauensbildende Maßnahme die ZEIT vor mir ausgebreitet und beschloß, daß Alicja die Gummihandschuhe insbesondere während der Phase manueller Stimulationen durchaus anbehalten sollte. Die bakteriologischen Bedenken stellte ich in diesem Fall hintan.

»Kommen Sie rein!« rief ich, munteren Tons. Alicja erschien nun zur Gänze, lächelte mich voller Verheißung an, stellte Putzeimer und Schrubber ins Zimmer und trug die Haushaltsleiter rein. Oben auf der Leiter stehend, beugte sie sich über das Dach meines riesigen Kleiderschrankes, sprühte eine Substanz auf und wischte den Staub. Das hatte sich das Luder fein ausgedacht! Ich geriet in die rasende Vorstellung, sie sei, vielleicht vom Zoom-BH abgesehen, nackt, und ich stände in diesem Augenblick unten an der Leiter, oder auf der ersten oder zweiten Stufe.

Als nächstes schob sie die Leiter zu einem der beiden Fenster und wischte die Lamellen der Jalousie ab, jede einzelne, von oben nach unten. Immer wieder drang dabei grelles Tageslicht ins Zimmer, ließ Alicjas Augen strahlen und erzeugte zu meiner Sorge unberechenbare Beleuchtungssituationen. Ich nahm die ZEIT etwas höher, bis die Jalousienreinigung ihren Abschluß fand und die physiognomische Sicherheit wieder hergestellt war. Nun staubte Alicja die Kommoden ab, die Lampen und meinen Nachttisch. Ihre Brüste beschrieben dabei, synchron zu den Wischbewegungen, kleine Amplituden, etwa zwanzig bis dreißig Zentimeter von meinem Gesicht entfernt. Angestrengt tat ich weiter so, als läse ich die ZEIT. Genau in diesem Moment wurde mir die unhaltbare Leere meiner letzten Lebensjahre geradezu massiv bewußt. Die Schmerzen meiner frauenlosen, nur dem beruflichen Fortkommen gewidmeten Existenz stiegen in mir empor wie Lava in einem alten Vulkanschlot. Was für ein unsagbares Glück, daß Alicja in mein Leben getreten war!

Ich drehte mich zu ihr hin. Sie stand immer noch direkt neben meinem Bett, leicht über den Nachttisch gebeugt, als ich mit einer einzigen heftigen Bewegung ihre Hüften umfaßte, sie an mich zog und mein Haupt an ihren Unterleib legte. Offenbar hebelte ich auf diese Weise ihre Beine aus. Sie stürzte auf mich und tat einen lauten Schrei. Ich erinnere mich hauptsächlich an dieses wunderbare warme Glücksgefühl, als wir aufeinander gestapelt in meinem Bett lagen, als ich die Hüften umklammert hielt, als meine Nase in der Speckschicht ihres Unterbauches versank, als mir vor Wonne die Tränen in die Augen schossen. Weniger genau hingegen erinnere ich mich an die offenbar sehr kräftige Ohrfeige, die ich erhielt, und deren nachdrückliche Wirkung wohl durch den robusten Gummihandschuh erzeugt wurde, in dem die Hand steckte. Vielleicht handelte es sich ja sogar um einen Fausthieb. Jedenfalls trug ich einen Bluterguß unterhalb des rechten Auges davon, der sich bis zum nächsten Morgen weiter zum Auge hin ausweitete. Gegenüber meinen Mitarbeitern behauptete ich, ich sei im migränehalber abgedunkelten Zimmer gegen einen Türpfosten gerannt.

Alicja verließ die Wohnung sofort, laut auf polnisch schimpfend. Vorher trat sie noch den bis zum Rand gefüllten Putzeimer um. Halb betäubt vom Hieb wischte ich das Wasser auf, wobei sich, als Nebeneffekt, die noch ausstehende Feuchtaufnahme des Parketts von selbst erledigte. Bereits am selben Abend erreichte mich ein Anruf ihres Mannes. Ich mußte mich am kommenden Abend mit ihm treffen, und ich habe ihm einen Betrag in beträchtlicher Höhe ausgezahlt, um die Sache ins Reine zu bringen. Er hatte damit gedroht, mich bei der Polizei anzuschwärzen. Ich kann nur hoffen, daß er es bei der einmaligen Zahlung bewenden läßt. Er ist ein sehr kräftiger, leicht brutal aussehender Typ. Ob Alicja noch beim Proktologen putzt, weiß ich nicht. Ich werde mich fürderhin hüten, mittwochs zu Hause zu sein.

Planet Eden. Bei den Anonymen Sexsüchtigen bin ich der King. Wenn ich über die ideale Form eines weiblichen Gesäßes referiere, hängt die Therapeutin an meinen Lippen. Leider gibt es lediglich zwei Frauen in unserer Selbsthilfegruppe. Überdies sind sie nicht besonders attraktiv. Kein Wunder, denn welche attraktive Frau würde schon offen über das ständige Gefühl des Vakuums in ihrem Bauch berichten und über den quälenden Wunsch, es zu füllen? Die eine der beiden, Sybille heißt sie, hat das getan. Sie hat tiefe und hungrige Augen und ist erst vor vier Wochen zu uns gestoßen. Ich habe in meinem Leben einige Sybilles gehabt, alle waren mehr oder weniger dünn, manche hatten das »i« am Anfang, manche in der Mitte. Ich mag den Namen, er hat etwas Wegzischendes, und merkwürdigerweise denke ich bei Sybilles sofort an Fellatio. Irgendwie muß das an den beiden hellen Vokalen liegen. Bei Anna oder Andrea denke ich an den Verkehr von vorne, an ausgebreitete Arme und Beine. Das kommt wohl vom offenen Klang der »A«s. Ursulas und andere Frauen mit »U«s im Namen sehe ich in meinen Gedanken zuerst von hinten. Unsere Sybille habe ich sofort scharf gemacht, indem ich zerknirscht klagte, ich sei dermaßen zerquält und getrieben, daß ich ohne weiteres drei, vier Frauen am Tag haben könnte, wenn es denn bloß immer verschiedene wären. Die Therapeutin war entsetzt, Sybille schaute mich tief und hungrig an. Ihr Gesäß entsprach dann nicht im mindesten meinem Ideal. Aber das wußte ich natürlich schon vorher, und darauf kommt es ja bei einer handfesten Kopulation nicht an. Vor allem nicht, wenn man keine Wiederholung plant, von einer Paarbildung ganz zu schweigen. Wir haben es sofort nach ihrer ersten Sitzung gemacht, zuerst in meiner Küche, wo wir, als ich recht energisch ihr quälendes Vakuum füllte, den kleinen, in die Wand montierten Frühstückstisch von Ikea herausrissen, auf den sie ihren Oberkörper gelagert hatte, später im Wohnzimmer, wo ich die Stereoanlage laut aufdrehte, um den Lärm und ihre harsch hervorgestoßenen Handlungsanweisungen zu übertönen. Eine teure Designer-Lampe ging zu Bruch, als sie sich entlud und rasend um sich schlug, aber das war mir die Sache wert.

Die zweite Frau, Roswitha, sieht aus, wie ich mir schon immer eine Roswitha vorgestellt habe, dick, kastanienrot und in multikulturelle Gewänder gehüllt, die sie wahrscheinlich auf Dritte-Welt-Märkten kauft. Sie ist Mitte vierzig, ihr Gesicht wirkt durch die kleine, nach oben gerichtete Nase recht schweinsmäßig. Roswitha steht auf sehr junge, masochistische Typen, die sich von ihr fesseln und symbolisch mit einer Samtpeitsche verprügeln lassen. Am Ende setzt sie sich nackt auf die Gesichter der Männer, die so tun müssen, als erstickten sie. Sie müssen um Luft betteln und flehen, aber Roswitha bringt sie immer wieder unerbittlich zum Schweigen. In diesen Momenten, wenn die Stimmen sozusagen in ihr verhallen, gelangt sie über den Opfern zum Orgasmus, oder, um ihre Worte zu gebrauchen, sie »verströmt sich«. Sollte sie die Wahrheit sagen, dann hat sie keine Schwierigkeit, ständig neue Probanden zu finden. Sie arbeitet mit Kontaktanzeigen in Stadtmagazinen, in denen sie kaum verschlüsselt ihre Obsessionen kundtut. Mich turnt diese Frau mächtig ab. Ich mag mir nicht vorstellen, wie sie sich auf den Gesichtern ihrer nach Luft schnorchelnden Opfer »verströmt«. Ich tue so, als müsse ich pinkeln gehen, wenn sie uns ihre neuesten Erlebnisse mitteilt. Die Therapeutin spricht immer von der »erfüllten Sexualität«, die Roswitha dringend anstreben müsse. Da kann ich nur zustimmen, denn die Nasen der Jungs werden sie wohl nicht allzu tief erfüllen.

Die sechs anderen Typen in unserer Gruppe (vier davon sind mit Frauen verheiratet, die sie nicht mehr ranlassen) gehen öfters zu Nutten und sind gelegentlich von erotischen Wünschen bewegt, wenn ihnen im Sommer die jungen, halbnackten Weiber auf der Straße entgegenkommen. Das halten die Weicheier für »Sexsucht«. Sie wollen sich davon befreien, sie wollen Schlappschwänze werden, damit ihre Ehefrauen die Angst vor ihnen verlieren. »Sieh mal, Schatzimaus, du kannst beruhigt sein, er wird überhaupt nicht mehr hart!«

»Ja, Liebling, ich bin so glücklich darüber, daß wir beide das endlich überwunden haben.«

Über die Sexproblemchen meiner Mitpatienten kann ich nur lachen. Ich selbst verbringe fast meine gesamte Lebenszeit mit dem Problem der Penetration, besser gesagt: der potentiellen Penetration. Wenn die Leute wüßten, welche Suchtvorstellungen ich da entwickele – ich wäre längst in der Geschlossenen. Dabei war ich ein sehr begabter Knabe. Meine Schulzeugnisse wimmelten von

Einsern, ich redete in gewählten Worten. Manche nannten mich deswegen »kleiner Professor«, andere, die mich für intelligent hielten und glaubten, Politiker seien intelligent, sagten, »aus dem Christoph«, so heiße ich nämlich, »aus dem Christoph wird noch mal ein Politiker.« Genau genommen, fressen der Sex beziehungsweise seine so gut wie immer erfolglosen Anbahnungsprozeduren siebzig, achtzig Prozent meiner Zeit. So einer wie ich tut ja irgendwie nichts anderes, als sich ständig vorzustellen, auf welche Weise er es mit der oder jener machen könnte. Man organisiert sein ganzes Leben nach der möglichen Anwesenheit von attraktiven und lüsternen Frauen, getrieben von der schrecklichen Erkenntnis, daß sie bislang fast stets dort waren, wo man selbst gerade nicht war. Hätte ich nur die Hälfte dieser Energien in mein berufliches Fortkommen gesteckt und nicht in imaginierte weibliche Körperöffnungen – ich wäre längst Vorstand eines im Dax notierten Konzerns und nicht bloß brotloser Fachhochschulprofessor für Verfahrenstechnik, und dann auch noch mit lauter männlichen Studenten. Dann kämen sie alle zu mir, die Damen, und ich müßte nur noch sagen: »Du, du und du, her zu mir!« Mein verpfuschtes Leben! Hätte ich doch auf meine Mutter gehört, die oft sagte: »Lern was, verdien viel Geld, dann kommen die Weiber von alleine.« Aber damals erschien mir dieser Spruch unziemlich und frauenverachtend. Nein, ich wollte ganz allein mit meinem Geist und meinen Liebeskünsten operieren.

Andererseits, die Jagd nach Sex macht immer wieder Spaß. Als ich mich als extrem triebhaft outete und meine

Psychologin mir die Selbsthilfegruppe bei den Anonymen Sexsüchtigen empfahl, hätte ich nicht im Traum daran gedacht, wie erregend unsere Therapiesitzungen sein würden. Abgesehen mal von Roswitha – das ständige Reden über unsere Obsessionen befeuert mich manchmal dermaßen, daß ich mich die halben Nächte durch die Bars treibe. Die anderen hingegen behaupten, sie fühlten sich nach dem ganzen Gequassel »irgendwie befreit« von ihren Trieben. Das kann ich nun wirklich nicht begreifen. Bei mir ist das Gegenteil der Fall.

Konrad, einer der beiden alleinstehenden Suchtkollegen, ist ein dünner, graubärtiger Sozialbeamter. Er hat einen riesigen Schwanz. Jedenfalls behauptet Sybille das. Sie sähe das an seinen Händen, sagt sie. Ich vermute, in Wahrheit hat sie das Teil längst von Angesicht zu Angesicht gesehen. Konrads Redeweise ist ebenso schwerfällig verknotet wie sein Name. Er treibt sich in esoterischen Kreisen rum, weil er herausgefunden hat, daß es dort von unbefriedigten Frauen mittleren Alters nur so wimmelt. Das beschäftigte mich sehr. Ich fragte scheinbar harmlos, wieso die denn alle mittleren Alters seien. »Na ja, sind auch ganz junge bei«, sagte Konrad blöde. Interessant! Besonders auf den esoterischen Wochenendseminaren, während derer man zu allerlei heilsamen kosmischen Kräften Kontakt aufnimmt, muß es ganz fies zur Sache gehen. Eines Montags – wir haben immer montags Sitzung – kam Konrad von einem Seminar zurück. Ein berühmter indianischer Psychoguru hat offenbar den Stein der Weisen gefunden. Er läßt sich von den Esoterikern hoch bezahlen, animiert sie mehr oder weniger offen zum

Geschlechtsverkehr, damit sie, wie er sagt, »ihre Ichgrenzen aufreißen«. Derweil reißt er den schönsten und jüngsten weiblichen Exemplaren höchstpersönlich die Ichgrenzen auf. Genial! Sozusagen unter den Augen des Indianers hatte Konrad es geschafft, eine verwitwete Mutter und ihre unglücklich mit einem Millionär verheiratete Tochter zunächst nacheinander zu begatten, und später, am selben Tag, beide gleichzeitig und zusammen. Die Mutter habe es erheblich besser drauf gehabt, erzählte Konrad, aber rein figürlich sei die Kleine natürlich besser gekommen. Was sei die schön gewesen! Mannomann! Er habe sich optisch an der Tochter und gleichzeitig organisch an der Mutter befriedigt. So derartig in Reinkultur habe sich ihm die eigene psychosexuelle Depravation noch nie zuvor gezeigt, murmelte er mit traurigem Gesicht. Schlimme Erinnerungen also plagten den armen sexsüchtigen Konrad! Die ganze Gruppe zeigte ihm ihr Mitgefühl. Ich war schwer neidisch auf sein Erlebnis und ein bißchen eifersüchtig. Der Kerl drohte, mir den Rang abzulaufen.

Nach der Sitzung schlug ich Konrad vor, noch einen mit mir trinken zu gehen. Ich dachte mir: Wenn dieser Depp solch einen Erfolg hat bei den Esos, wie erst könnte ich selbst da wildern! »Du mußt dich da erst mal reinschleichen«, sagte Konrad nach dem zweiten Bier. Seine Augen leuchteten jetzt. Er war überhaupt nicht mehr zerknirscht. Ein perfekter Einstieg in die Szene sei ein Besuch bei einer gewissen »Dr. Kröger«, Ärztin für Homöopathie. Sie sei eine bekannte Schaltstelle. Schon im Wartezimmer bekäme man leicht Kontakt, und Dr. Kröger würde den Patienten Materialien mitgeben.

Mir war klar, daß Konrad mich von seinen eigenen Jagdgründen fern halten wollte. Schließlich hätte er mich ja mitnehmen können, wenn er zum nächsten Esoterik-Event gehen würde. Aber er dachte nicht daran. Na, ich würde mir schon holen, was ich brauchte! Gleich am nächsten Morgen meldete ich mich bei Dr. Kröger an. Das Wartezimmer war voll besetzt, ausschließlich von dürren und fahlgesichtigen Frauen ohne Kontakt zu Friseuren. Sie schauten mich interessiert und offensichtlich feindselig an, obwohl ich eine rote Softy-Hose trug. Nicht sehr vielversprechend, das Ganze! Ich mußte im Stehen warten, bis ein Stuhl frei wurde, und weitere zwei Stunden, bis ich drankam. Während der Wartezeit studierte ich mehrere Ausgaben der Zeitschrift »Geisterfahrung«, um mir schon einmal das esoterische Fachvokabular anzutrainieren. Die Kontaktanzeigen bewiesen, daß erheblicher Frauenüberschuß in der Esoszene herrschte.

»Ich habe mich gefunden, nun bin ich auf dem Weg zu Dir!«

Das klang bedrohlich.

»Schöne Seelenschwester, schlank, lebt seit 28 Jahren, möchte Glocken hören vom Wildwasserfluß, mitgerissen werden, zwischen Wolken schweben, in einem Feuerwerk explodieren und in den Fluten ertrinken. Ich habe Lust auf Liebe, Zärtlichkeit, Berührung und Hingabe, verschmelzen und Eins-Sein mit Dir, MANN.«

Explodieren war gut. Ich konnte ja das nächste Mal rechtzeitig die Lampe in Sicherheit bringen. »Glocken vom Wildwasserfluß«? Das verstand ich nicht, aber vielleicht hatte sie nur das Komma an der falschen Stelle gesetzt? Egal, gegen vernünftige Glocken hatte ich, MANN, auf keinen Fall etwas einzuwenden. Verschmelzen und Ertrinken ging ebenfalls in Ordnung. Über die notwendigen Verrichtungen müßte man sich gegebenenfalls verständigen. Eines war klar: Die Dame hatte mächtig Unterdruck und brauchte dringend einen wie meinen. Konrad hatte wohl doch nicht übertrieben. Meine Erregung wuchs. Ehe ich dran kam, packte ich schnell die betreffende Ausgabe von »Geisterfahrung« in meine Tasche.

Frau Dr. Kröger war eine sympathische, etwas tantenhafte und harmlos wirkende Dame von vielleicht vierzig. Man hätte sie sich auch als Veranstalterin von Tupperpartys vorstellen können. Ich sagte, ich sei innerlich zerrissen und von rastloser Getriebenheit erfüllt. Deswegen käme ich zu ihr. Sie ließ mich die Arme waagerecht ausstrecken und zog sie mit unterschiedlicher Kraft nach unten. Da sie klein gewachsen war, mußte sie die eigenen Arme hochstrecken. Trotz der ärztlichen Tarnkleidung traten dabei voluminöse Brüste hervor. Sieh mal einer an! Wer hätte das gedacht? Ich hatte die Dinger direkt unter meinem Gesicht. Gerne hätte ich reingebissen oder sie ein wenig gequetscht, aber ich mußte ja still stehen und die Arme gestreckt halten. Jetzt spannte ich die Muskeln an, und Dr. Kröger hängte sich immer wieder schwer an meine Arme. Dabei machte sie ganz aparte kleine Zappelbewegungen, die mich sehr animierten. Dann fragte sie mich nach meinen markanten Kindheitserlebnissen und Krankheiten, aber ich konnte nicht viel erzählen. Ich sei voller Unfrieden, sagte Dr. Kröger schließlich. »Sag ich doch!« gab ich erfreut zurück.

Schön, daß wir uns so schnell einig geworden waren! Sie verschrieb mir etwas, »um den inneren Frieden zu stärken«. Dann verabschiedete sie mich. Ich verließ die Praxis und fühlte mich irgendwie sehr wohl. In der nächsten Apotheke löste ich das Rezept ein und nahm sofort sieben winzige weiße Kügelchen zu mir. Konnte ja nichts schaden. »Dreimal täglich sieben«, hatte die Apothekerin auf das Röhrchen geschrieben. Zu Hause schrieb ich einen heißen Brief an die Wildwasserglocken: »Ich bin«, schrieb ich, »unwahrscheinlich verschmelzungsbereit. Laß uns entschweben in die Kraterschlote fremder Glutplaneten. Laß uns tanzend flüssig werden und eintauchen in die Wasserwirbel rasender Paradiesmeere. Komm mit deinen gewaltigen Glocken und erfülle meine Ohren.« Der letzte Satz war, glaube ich, nicht besonders gelungen, aber irgendwo mußte ich die Glocken einfach unterbringen. Ich beendete meinen Brief mit einem abgedroschenen Zarathustra-Zitat. Aber sie würde es garantiert noch nicht kennen. »Man muß noch Chaos in sich haben, um einen tanzenden Stern gebären zu können.« Ach, tat das gut! Die Dame würde garantiert voll abfahren auf meine Worte. Ich kicherte voller Begeisterung, als ich den Brief in den Kasten steckte.

Abends nahm ich sieben Kügelchen und suchte in der »Geisterfahrung« nach einem adäquaten Eso-Weekend. Interessant erschien mir das Seminar »Auflösung von Körpergrenzen durch Grenzerfahrung«. Das Motto erinnerte mich an die Thematik von Konrads Seminar. Ich stellte mir vor, daß viele Frauen teilnehmen würden. Frauen interessieren sich ja immer für so was. Hinzu kam, daß eine Frau das Seminar leiten würde. Das würde die Anmeldeschwelle senken und die Konkurrenzsituation entspannen. Kein Guru würde mir ins Handwerk pfuschen, wenn die Grenzerfahrungen anstanden.

Die Seminarleiterin hieß »Sonja Anna Tiana«. Viele »A«s, das gefiel mir. Die kam bestimmt am besten von vorn. »Sie gibt Energieausstrahlungen ab«, hieß es in der »Geisterfahrung«, »und aktiviert den Kontakt zu den Schutzengeln jedes einzelnen Teilnehmers. Wenn alle Kontakte hergestellt sind, wird die Zeit gekommen sein, unsere Grenzerfahrung zu machen. Im abschließenden Fest ›Planet Eden‹ werden wir schließlich zu einem einzigen Geistkörper verschmelzen.« Na bitte, das war doch genau das Richtige! Mein Schutzengel hatte zwar schon vor Jahrzehnten das Handtuch geworfen, aber ich konnte ja zur Not seine Existenz simulieren.

Ich meldete mich per E-Mail an und überwies sogleich die fälligen vierhundert Euro an die Organisatoren. Nicht gerade billig, der Spaß, aber was nichts kostet, taugt auch nichts. In drei Wochen würde es so weit sein.

Zwei Tage später meldete sich die Frau aus der Anzeige am Telefon. Sie nannte sich »Mana«, und ihre Stimme, die merkwürdig brüchig klang, wurde ganz liebevoll und zärtlich, wenn sie ihren eigenen Namen aussprach. Schon wieder zwei »A«s! Meine Zuschrift habe ihr gefallen, sagte sie, auch wenn das Ganze ein bißchen aggressiv klänge. Ob ich dennoch »eine sanfte Seele« habe? »Logo«, hauchte ich, »ich habe jahrelange Therapieerfahrung hinter mir.« Der nächste Tag war ein Samstag, und wir verabredeten uns für den Abend im Café »Lichtzeit«. Sie habe sehr kurze Haare und trage »viel Orange«, sagte sie. Auf Kurzhaarfrauen, wenn sie denn nicht gerade lesbisch sind, stehe ich. Ich habe gute Erfahrungen mit ihnen gemacht. Meist sind sie ein wenig androgyn und haben reichlich Testosteron in den Adern, was ja bekanntlich scharf macht. »Ich trage eine schwarze Hornbrille, ein auffälliges beige-graues Pepitasakko von Donna Karan sowie halbhohe schwarze Pferdelederschuhe von Alden«, sagte ich.

Der Abend war ein Desaster. Ich erzählte kein Wort davon in meiner Therapiegruppe. Ich hatte schließlich einen Charakter zu verteidigen und dachte nicht daran, mich zum Affen zu machen. Im Café »Lichtzeit« gab es gar keinen Kaffee, sondern circa hundert Sorten Tee und eine Karte mit vegetarischen Gerichten. Zum Glück gab es auch Bier und Wein. All die Frauen, die im Wartezimmer von Dr. Kröger gesessen hatten, saßen jetzt hier, eine schrecklicher als die andere. Die allerschrecklichste von ihnen war die einzige, die sehr kurze Haare hatte und orangeroten Fummel trug. Sie sah aus, als wäre sie gerade wegen ästhetischer Unzumutbarkeit aus einem Straflager der Roten Khmer verjagt worden. Allerdings war sie nicht achtundzwanzig, sondern mindestens fünfundfünfzig oder siebzig. Ihr Gesicht und ihre Stoppelhaare waren leuchtend grau. Ich setzte mich an einen freien Tisch, bestellte ein biologisch-dynamisch angebautes Bier und streckte meine glänzenden Pferdelederstiefeletten unter dem Tisch aus, damit meine Rendezvouspartnerin mich würde identifizieren können. Ich ließ sieben Kügelchen aus dem Röhrchen rollen und warf sie ein. Gerade nahm ich den ersten Schluck Bier, ich hatte das Glas noch an den Lippen, als die Strafgefangene vor mir stand: »Ich bin Mana«, sagte sie mit zärtlicher Stimme. Dabei strich der Rücken ihrer Skeletthand über meine Wange. Na ja, ich will es kurz machen: Sie rechnete ihr Lebensalter vom Zeitpunkt ihrer Erleuchtung an. Das war vor achtundzwanzig Jahren, 1974, als sie als Studentin ein paar Wochen in Indien »lebte« und dort, zusammen mit ihrer neuen spirituellen Existenz, auch den Namen »Mana« annahm. Nach fünf Minuten sagte ich, leider habe ich gerade »empfunden«, daß ich noch nicht ausreichend spiritualisiert sei, und ich müsse noch ein Stück des Weges alleine weitergehen. Ich zahlte mein Bier und verließ das Café »Lichtzeit« im Laufschritt.

Die beiden folgenden Tage fühlte ich mich lustlos und alt, zum ersten Mal in meinem Leben auch ein wenig entmannt, möchte ich fast sagen. Fast einen ganzen Tag lang hatte ich nicht eine einzige lausige Erektion. Schließlich kramte ich einen alten Porno raus, um zu sehen, ob es überhaupt noch funktionierte. Da kam er dann endlich, mit Ach und Krach. Ich berichtete meiner Gruppe von diesem Erfolg bei der Sexbekämpfung, ohne zu erzählen, auf welchem Weg er sich einstellte. Alle, auch Konrad, die grauenhafte Roswitha und die heuchlerische Sybille klopften beifällig auf ihre Stuhllehnen.

Das Wochenendseminar fand in einem ehemaligen Kloster auf dem Lande statt, das jetzt als Hotel und Tagungszentrum genutzt wurde. Ich sah blendend aus, war dreimal hintereinander im Kraftraum und auf der Sonnenbank gewesen, hatte Vitamintabletten und reichlich Kügelchen zu mir genommen. Das Begrüßungstreffen mit alkoholfreien Cocktails war eine schlimme Enttäuschung. Natürlich waren die schönen Frauen wieder einmal da, wo ich nicht war. Es gab einige Exemplare der Sorte »Wartezimmer Dr. Kröger«, einige mehr oder weniger unappetitliche Paare aus mittelteuren Altbauwohnungen in zentraler Lage, solche, die sich mit Manufakturfahrrädern durch die Städte bewegen, vier konradähnliche Solomänner, einige von den harmlosen männerlosen Mitdreißigertanten, die sich mit ständigem milden Grinsen für ihre sinnlose und ungerechtfertigte Existenz auf Erden entschuldigen. Sonja Anna Tiana war bei weitem die attraktivste Frau in der Runde, und als sie begann, von ihrer eigenen Erleuchtung bei einem Heiler an der Westküste Irlands zu sprechen, war ich beeindruckt. Gestik, Rhetorik, Gliederung, die ganze Performance – absolut professionell, jedenfalls besser, als ich das bei all meinen Wochenendschulungen für Führungskräfte erlebt hatte. Sie war nicht ganz schlank, was ich gut sehen konnte, wenn sie etwas an die Tafel schrieb, aber ihr Gesicht hatte etwas Arrogantes und Lüsternes, was den zweifellos in Maßen vorhandenen Rücken-, Reithosen- und Taillenspeck spielend aufwog oder, besser gesagt: abwog. Ich wartete darauf, daß sich die ersten sexuellen Phantasien bei mir einstellten, doch es kamen nicht viele, auch nicht, als ihr einmal die Kreide auf den Boden fiel und sie sich bücken mußte. Statt dessen wurde ich sehr müde und schlief mehrmals, den Kopf auf meine Hände gestützt, kurz ein.

Meine Schläfrigkeit wurde im verdunkelten Nachbarraum noch größer. Wir saßen auf Matten um einen in der Mitte des Zimmers aufgestellten großen Kegel herum, dessen Spitze von blauem Licht angestrahlt wurde. Ich mußte meine beiden Nachbarn an den Händen fassen, einen der Konradähnlichen, er hatte feuchte Patschhändchen, und eine Ehefrau oder so was aus einer der anwesenden »Beziehungen«. Eine Stunde lang stellten wir uns schweigend vor, wie unsere Energien zunächst in die Basis des Kegels flossen, dann konzentriert in die Spitze und von dort aus ins All. Mehrfach fiel mein Oberkörper nach vorne, und ich erschrak heftig beim Aufwachen. Dann kamen die Energien eine Stunde lang aus dem All in die Spitze des Kegels zurück und verteilten sich wieder auf die Anwesenden, aber gleichmäßig und angeblich gut gemischt. Obwohl ich keine Lust auf die Energien von den anderen hatte, wurde ich etwas wacher und langweilte mich deshalb um so schrecklicher. Ich glaube, ich hatte mich noch nie zuvor in meinem Leben dermaßen gelangweilt, und das heißt schon etwas, wenn man bedenkt, daß mich fast alles langweilt, sieht man von sexuellen Dingen ab. Aber vielleicht gehörte das ja zur Therapie. Endlich waren die beiden Stunden rum, es wurde hell, und es gab Kuchen und Tee. Als nächstes mußten wir uns bis auf die Unterwäsche entkleiden. Die Sache begann, interessant zu werden. Leider zog sich Sonja Anna Tiana nicht aus. Aber ich bemerkte aus den Augenwinkeln, wie sie meinen wohltrainierten Oberkörper ins Auge faßte. Ich hatte mich rechtzeitig in ihre Nähe gestellt, als es ans Ausziehen ging. Übrigens sahen auch einige der anderen Frauen in Unterwäsche oder völlig nackt plötzlich ganz passabel aus. Wieder einmal stellte ich fest, daß man sich mit Gesichtern, Frisuren und ähnlichem das Leben unnötig schwer macht. Die Körperoberfläche ist dermaßen groß, gemessen an der relativ kleinen Fläche der Gesichter! Das fällt einem erst auf, wenn die Frauen nackt sind. Da findet sich fast bei jeder irgend etwas einigermaßen Reizvolles, mit dem man sich zumindest ein wenig die Zeit vertreiben kann, wenn man nicht allzu sehr an die Physiognomie fixiert ist.

Jeder bekam einen kuttenähnlichen grauen Überwurf. Der Raum wurde erneut verdunkelt, alle mußten raus, bis auf jeweils einen von uns, der mit Sonja Anna Tiana allein zurückblieb. Die anderen warteten draußen. Es dauerte jeweils etwa fünf Minuten. Ich warf vorsichtshalber ein paar Kügelchen nach. Alle, die von Sonja Anna Tiana zurückkamen, sahen ganz geheiligt aus oder so, jedenfalls konzentriert und erhaben. Dann kam ich dran. Der Kegel war wieder blau beleuchtet. Wir sollten uns im Schneidersitz gegenüber sitzen, aber ich hatte mir beim Trainieren was am Meniskus geholt und konnte keinen Schneidersitz machen. Statt dessen hockte ich mit angewinkelten Knien und stützte mich mit den Armen ab. Das war recht anstrengend. Außerdem bemerkte ich, daß meine Kutte zwischen den Beinen offen stand. Sonja Anna Tiana saß im Schneidersitz direkt vor der Öffnung. Wahrscheinlich konnte sie trotz des Dämmerlichtes meinen Sack sehen oder wenigstens erahnen. Das machte mich ausgesprochen unsicher. Zwei, drei Minuten schwiegen wir. Dann sagte sie in etwa: »Du erzeugst sehr viel Intensität. Auf der kosmischen Ebene der Genien tritt ein starkes Licht in Erscheinung. Wenn du die karmischen Gesetze beachtest, werden sich deine Wünsche früher oder später erfüllen. Aber nur diejenigen, die für dich gut sind. Du hast einen wunderbaren Schutzengel, und er ist hier im Raum.« Wie gesagt, in der letzten Zeit hatte ich nicht viel gemerkt von einem Schutzengel, aber das konnte sich ja ändern. Allerdings klang die Formulierung »nur die Wünsche, die für dich gut sind« etwas pfäffisch und gefährlich.

Den ganzen Abend über lief überhaupt nichts. Sonja Anna Tiana war verschwunden, ich saß in der hauseigenen Bar und langweilte mich. Die Beziehungen waren bereits schlafen gegangen. Die Tanten waren wieder angezogen, saßen in Grüppchen beieinander und redeten aufeinander ein. Mit den konradähnlichen Personen, die am Tresen hockten und sich überlegten, wie sie an die Tanten rankommen konnten, wollte ich nichts zu tun haben. Die Nacht verbrachte ich schlaflos in meiner kleinen Klosterzelle. Wieder einmal ging es mir schlecht. Das waren so meine persönlichen, ganz unesotorischen Grenzerfahrungen. Immer noch nichts mit dem versprochenen Glücksgefühl! Zwischenzeitlich beschäftigte ich mich mit meinem eigenen, altbekannten und angewachsenen Schutzengel. Aber ehrlich gesagt: Auch der hatte mich ja nicht sehr weit gebracht. Wo hätte er mich auch hinbringen sollen? Ja, wohin? Mein Gott, irgendwie war doch alles schon gelaufen, was überhaupt laufen kann im Leben! Langsam schob sich der Vollmond ins Fenster. Der hatte mir noch gefehlt! Dumm und aufdringlich wie ein Käsekuchen hing er über dem nahen Wäldchen. Ich hatte mich schon oft gefragt, warum bei Vollmond immer gutes Wetter ist. An diesem Abend fiel mir auf, daß man den Vollmond ja gar nicht sehen kann, wenn schlechtes Wetter ist. Das war des Rätsels Lösung. Plötzlich machte mir der Mond Angst, weil er mich an die Lichtgestalten erinnerte, die angeblich um die Erde kreisen. Auch mit denen wollte ich lieber nichts zu tun haben.

Der nächste Tag verging mit allerlei tiefsinnigem Hokuspokus und Ringelpiez, Meditationsübungen und dergleichen. Ich hörte gar nicht mehr richtig hin, wenn es um Amulette und verschlüsselte Botschaften an die Genien beziehungsweise Schutzengel ging. Willenlos faßte ich konradähnliche Personen, Tanten oder Teile von Beziehungen an den Händen und ließ mir ungewünschten Körperkontakt sowie sauren Schweißgeruch aufzwingen. Eigentlich wollte ich nur noch meine Ruhe haben. Vielleicht kam das von den Kügelchen? Im Augenblick nahm ich bestimmt fünfzig Stück am Tag. Beim Mittagessen starrte ich tiefe Löcher in den Kartoffelbrei. Ich sehnte mich nach meinem Bett zu Hause. Aber das Fest am späten Nachmittag wollte ich noch mitnehmen. Vielleicht würde das ja endlich meine Stimmung aufhellen. Es hatte nicht direkt mit unserem Seminar zu tun. Mindestens achtzig, hundert Leute aus nah und fern würden anreisen, hieß es.

Der Festsaal des Klosters war mit Girlanden und Blumen geschmückt, es gab eine kleine Bühne und zahlreiche Tische. Blaues Licht war auf die Bühne gerichtet. Eine Art Varieté sei geplant, erzählte man mir, gestaltet ausschließlich von Brüdern und Schwestern. Ich setzte mich an einen kleinen Tisch in der Nähe des Ausganges, damit ich unbemerkt würde abhauen können, und beobachtete das Treiben. Die Frauen waren festlich gekleidet oder vielmehr in einer Art und Weise, die sie für festlich hielten, zeigten viel und zumeist ziemlich welkes und fleckiges Brust- und Rückenfleisch. Viele hatten die Gesichter auf kindische Weise mit Theaterschminke bemalt. Ich überlegte, was sie damit aussagen wollten, aber ich kam nicht dahinter. Einige Damen sahen Mana sehr ähnlich. Ängstlich schaute ich in die Runde, um mich zu versichern, daß sie nicht hier war. Die Männer waren von der sanfteren Art, zumeist dünn und gebeugt und unsympathisch. Drei Typen auf langen Stelzen stakten zwischen uns rum und bewarfen uns mit Glitter. Einer beugte sich zu mir herab.

»Bist du glücklich?«

»Keine Ahnung«, sagte ich. Da haute er dann gleich ab, wenn man das in Anbetracht seiner Stelzen so sagen kann. Dann kamen einige ziemlich nackte und etwas jüngere Frauen, die goldene Stirnreife in den Händen hielten. An jedem Stirnreif waren zwei dünne lange Spiralfedern mit jeweils einer Kugel an der Spitze befestigt. Allen Anwesenden wurde so ein Ding auf den Kopf gedrückt, und man freute sich sehr über die Antennen, die man jetzt hatte und die halfen, die kosmischen Signale zu empfangen. Als ich an die Reihe kommen sollte, winkte ich ab.

»Nee, nee, laß mal«, sagte ich, »ich hab' Sodbrennen.«

»Ach so«, sagte die junge Frau, lächelte mit friedvollem Gesichtsausdruck und ließ mich in Ruhe. Plötzlich saß die Seminarleiterin auf dem Nachbarstuhl. Sie trug eine Art Mischung aus Abendkleid und Korsett sowie goldene

Antennen. Wir lächelten uns an, und jetzt begann die Show.

Ein als Vollidiot verkleideter Moderator stand vor dem geschlossenen Vorhang und erklärte, der Saal sei ein Raumschiff. Wir könnten jetzt abheben und durch das Weltall zum Planet Eden fliegen, um für alle Zeiten happy zu sein. Ob wir das wollten? »Jaaa!!« mußten alle schreien, aber es war nicht laut genug, und alle mußten noch ein paarmal »Jaaa!!« schreien, bis der Moderator zufrieden war. Dann sollten wir die Triebwerke des Raumschiffes nachmachen. Während die anderen immer wieder mit anschwellendem Gröhlen die Triebwerke nachmachten, bis wir endlich abhoben, trank ich schnell mein großes Bier leer, um mich in Form zu bringen. Auch Sonja Anna Tiana machte Triebwerke nach und beugte sich dabei zu mir rüber. Als der Vorhang aufging, hatte sie ihre Hand auf meinem Knie und rutschte langsam die Innenseite meiner Oberschenkel hoch. Auf der Bühne waren jetzt zwölf als weiße Lichtwesen verkleidete Frauen. Sie führten die schlechteste Choreographie auf, die ich jemals in meinem Leben gesehen habe. Es war urkomisch oder bemitleidenswert, aber niemand lachte. Die Choreographie war vorbei, die Lichtwesen wurden inbrünstig beklatscht, und meine Nachbarin hielt meinen Sack fest in der Hand. Jetzt war ich mir sicher, daß sie ihn gestern im Dämmerlicht gesehen hatte. Offenbar hatte er seinen Eindruck auf sie nicht verfehlt. Sie bewegte die Finger langsam hin und her, mit leicht knetenden Bewegungen. Der Moderator fragte, ob alle das Dschungelbuch kannten. Wieder schrien alle »Jaaa!!« Auch Sonja Anna Tiana schrie mit, und sie drückte dabei ein wenig zu fest. Ein gemischter Horrorchor betrat die Bühne und krähte: »Versuch's mal mit Gemütlichkeit«, aber das bekam ich kaum noch mit.

Schon auf dem Weg ins Damenklo, das unter der Erde in den alten Kellergewölben lag, ging sie rückwärts vor mir her, küßte mich wie rasend, holte ihn raus und zerrte an ihm rum. Kein Mensch war zu sehen. »Was für ein Wahnsinnshammer«, sagte sie mit sehr heiserer Stimme. Das ist einer von den Sätzen, die ich immer wieder gerne höre. Wir mußten eine Pause einlegen, damit sie sich näher mit der Sache beschäftigen konnte. Der Zeitschalter der Beleuchtung trat in Aktion, es wurde stockfinster. Ihre Schmatzgeräusche und mein Grunzen hallten gespenstisch im Gewölbe wider. Ich schob sie vor mir her bis zum Lichtschalter, wobei sie ihre Tätigkeit nicht unterbrach, in der Hocke blieb, ein paarmal ein wenig das Gleichgewicht verlor und emsig trippelte, um es wieder zu erlangen. Ich knipste das Licht an, wir setzten unseren Weg fort bis in die Damentoilette. Dort riß sie sich den unteren Teil des Korsettabendkleides vom Leib, einen Rock, der mit Druckknöpfen am Korsett befestigt war. Das Korsett selbst konnte zwischen den Beinen aufgeknöpft und hochgeschoben werden. Sofort wollte sie es von hinten, was mich wegen der vielen »A«s in ihrem Namen überraschte. Sie hielt den Klodeckel umklammert, ihr Gesäß hatte exzellente Außenwölbungen und eine selbstbewußte, prägnante Einflugöffnung mit den Umrissen einer schlanken Zwiebel. Rasch ging ich ans Werk. Er sah gebieterisch in ihr aus. Allerdings irritierten mich die Antennen, die rhythmisch vor und zurück federten und dabei zwanzig, dreißig Zentimeter Weg zurücklegten. Sonja Anna Tiana machte jetzt einen heftigen, unmenschlichen Lärm, und ich hoffte nur, daß niemand hereinkommen würde. Es ist für einen Menschen sehr schwierig, den heiseren Ruf eines Esels nachzumachen. Aber was meine Partnerin damals von sich gab, das klang in der Tat so. Noch lief alles in zuverlässiger Präzision, aber ich merkte, daß irgend etwas anders war als sonst. Sonja Anna Tiana befahl mir, ich solle »es« ihr jetzt »geben«. Gleichzeitig richtete sie ihren Oberkörper etwas auf und umarmte den Spülkasten hinter dem Klo. Dabei betätigte sie versehentlich den Hebel der Spülung. Das Wasser rauschte, aber meine Partnerin hörte das wohl gar nicht. Jedenfalls bewegten sich die Antennen weiter ekstatisch vor meinen Augen, im Augenblick sogar gegenläufig, und das Eselsgeschrei hielt an. In diesem Moment zerbrach etwas in mir. Es war plötzlich, als sei ich Teil eines absurden und gänzlich lächerlichen Geschehens, mit dem ich in Wahrheit nicht das Geringste zu tun haben wollte. Alarmiert schaute ich hinunter, sah mein Pepitasakko und darunter etwas, was ich noch nie zuvor gesehen hatte: Er stauchte sich auf! Wie ein fetter Regenwurm auf dem Weg in den Erdboden stauchte er sich auf. Ich versuchte, ihn zu richten, zu begradigen, aber als Sonja Anna Tianas Geschrei verebbte und sie mit fragendem und vorwurfsvollem Gesichtsausdruck zu mir aufsah, da gab es keine Hoffnung mehr.

Ich brach den Vorgang ab, holte meine Sachen aus der Klosterzelle und floh. Das war gestern abend. Jetzt ist es

Montag früh. In meinem Gehirn findet sich nicht ein einziger Gedanke, der in irgendeiner Weise die Penetration als etwas empfinden würde, das es anzustreben gilt. Mehr noch: Ich kann mir nicht einmal vorstellen, daß ich jemals solche Gedanken oder Vorstellungen gehabt habe. Ich weiß nicht, wie ich heute abend die Sexsüchtigen durchstehen soll. Auf jeden Fall werde ich von meinen jüngsten Erlebnissen schweigen. Besonders Konrad darf niemals etwas davon erfahren. Die Kügelchen habe ich abgesetzt. Es ist meine letzte Hoffnung: Daß es an ihnen gelegen hat.

Das Rippengestell. Das Wunderbare an Kinofilmen ist das zuverlässige Auftreten von Liebesgeschichten. Jeder Film eine Liebesgeschichte, jeder Versuch ein Treffer. In meinem Leben sah das ganz anders aus. Ich ging tausendmal aus dem Haus, zur Arbeit, fuhr Bus: Nichts passierte, nicht eine einzige Liebesgeschichte ergab sich. Alles in allem stand ich mehrere Jahre meines Lebens an Kneipentresen, ohne daß irgend eine erotische Leidenschaft sich angebahnt hätte. Unerwartete Regengüsse gingen hernieder, ich hatte einen Schirm dabei, aber keine Frau suchte Zuflucht bei mir und dachte sogleich: »Da ist er ja endlich, der, auf den ich immer gewartet habe!« Ich hielt mich in Baumärkten auf, aber keine Frau fragte mich um Rat. Auf Skipisten kollidierte ich mit Frauen, aber niemals heirateten wir anschließend, jeder einen Körperteil in Gips.

So sitze ich also im Kino. Es ist Freitagabend, mir graut vor dem Wochenende, eines von tausend Wochenenden, an denen nichts passiert. Der Film beginnt, man sieht eine schöne Frau, wie sie sich leicht über einen Gemüsestand auf einem Wochenmarkt beugt, in New York oder so. Jedenfalls sind die Häuser im Hintergrund ziemlich hoch, man hat außerdem sehr metropolitan wirkende Busse gesehen und gelbe Taxis. Plötzlich taucht über ihrer Schulter ein Männergesicht auf und sagt: »Diese Tomaten hier vorne sind gut.« Sie möchte zunächst unwirsch reagieren, dann aber lächelt sie. Man denkt: »So ein Blödsinn, das klappt doch nie.« Oder vielleicht doch? Wenn man so gut aussähe wie dieser Mann hier, könnte man sich so etwas eventuell tatsächlich erlauben. Außerdem heißt es ja, schöne Frauen seien besonders einsam, weil niemand sich traut, sie anzusprechen.

Zwei Filmminuten später ist es offenbar dunkel geworden. Die Leinwand ist schwarz. Wir hören ein rhythmisches feuchtes Klatschen mit einem gelegentlichen hölzern-knöchernen Unterton, so, als schlage man mit der Flachseite eines Fleischerbeiles Knoblauch in ein Rib-Eye-Steak und träfe dabei manchmal auch den Knochenrand. Eine Frauenstimme schreit in begeistertem Tonfall »ja, ja, ja« und dergleichen. Die Stimme kommt näher, es wird etwas heller, die Kamera biegt um eine Zimmerecke. Im Schummerlicht, das die nächtliche Metropole durch das Fenster schickt, sehen wir die Frau vom Gemüsestand, die ihre Schenkel um die Hüften des Mannes vom Gemüsestand geschlungen hat und ihre Arme um seinen Hals. Beide haben sich offenbar in der Zwischenzeit radikal entkleidet. Er steht vor einer Wand. Zwischen sich und der Wand ist der Rumpf dieser Frau. Die Kamera steht jetzt direkt neben der Anordnung, und wir sehen, daß das Fleischklopfgeräusch daher rührt, daß er mit seinen Hüften ihr Gesäß gegen die holzverkleidete Wand klatscht. Der unregelmäßig auftretende härtere Unterton stammt offenbar von ihrem Steiß, der bei besonders ambitioniert vorgetragenen Bewegungen des Mannes dadurch ins Geschehen involviert wird, daß die Dämpfung des Aufpralls durch die Gesäßbacken versagt. Spätestens jetzt ist im Kinosaal alle Skepsis dahin und weicht der

Trauer über das eigene, im Vergleich zum filmisch dargestellten, verpfuschte Leben. Ein Schuß Tatendrang mischt sich ein. Zum Beispiel bei mir: Gleich morgen werde ich zum Wochenmarkt gehen. Mit Tomaten kenne ich mich aus.

Erst im vergangenen Herbst ist es mir im tatsächlichen Leben gelungen, eine erotische Beziehung mit einer jungen Dame in wirklich filmischer Parademanier aktiv zu beginnen. Mein Leben hatte sich, wie bereits angedeutet, in recht trüber Gleichförmigkeit eingerichtet. Mein alter Freund Walther, dem es ähnlich ging wie mir, sagte einmal auf die Frage, was er denn gerade so mache: »Ich bin damit beschäftigt, die nur so durchrauschenden Tage, Wochen, Monate zu beobachten, die man mir unsinnigerweise noch zuteilt, zu welchem Zweck auch immer.«

Dem war nichts hinzuzufügen. In meiner Verzweiflung dachte ich über eine berufliche Veränderung nach, die mich wegführen könnte aus diesem letztlich doch verschlafenen Heidelberg, in dem ich als Architekt arbeite. Wegführen in eine Metropole mit vielen alleinstehenden schönen, unbegreiflicherweise gleichwohl einsamen Frauen, mit Gemüsemärkten, mit Tomaten, deren Kontrast zur technisch-kalten Hochhauswelt die Herzen ebendieser Frauen sensibilisierten.

Es war Anfang Oktober, kurz nach sieben Uhr in der Früh, ich war in den ICE gestiegen, um mich in Frankfurt bei einer börsennotierten Firma vorzustellen, die epidemisch Altenwohnanlagen errichtet. Ich hatte meine künftige Freundin schon im Zubringerzug von Heidelberg nach Mannheim gesehen, und als ich jetzt übermüdet und voller Angst vor dem Berufswechsel und der damit verbundenen existentiellen Generalentwurzelung durch den Zug schlich, sah ich sie allein in einem Abteil am Fenster sitzen. Ich trat ein, sagte »Guten Morgen« und setzte mich an die Tür, ihr gegenüber. Unter anderem hatte sie ein hageres Gesicht, blonde, hochgesteckte Haare, schöne große hungrige blaue Augen und eine markante Nase. Alles zusammen ließ einen starken Sexualtrieb vermuten. Ihre Tuchhose saß locker um die langen Beine. Im Winkel zwischen ihren Schenkeln, in dem sich höchstwahrscheinlich ihre wichtigsten Geschlechtsteile aufhielten, war viel Platz. Ich dachte an Walthers Worte, nach denen es, wenn man die flache Hand auf diese Stelle lege, »so sein muß, als füttere man ein Pferd«. Und überhaupt war sie insgesamt sehr dünn, diese Frau, was bedeutete, daß ich gewisse Chancen bei ihr hatte. Ich habe fast immer, aber leider auch fast ausschließlich bei sehr dünnen Frauen Chancen. Woran das liegt, weiß ich nicht. Aber es ist seit jeher so gewesen. Früher, als ich häufig allerdings inkonsequent vorgetragene Versuche unternahm, ein erotisches Dauerglück zu erreichen, hatte ich den Ruf, auf klapprige Frauen zu stehen, auf »Rippengestelle«, wie wiederum mein Freund Walther sich ausdrückte. »Lieber auf Speck geschwabbelt, denn auf Knochen gerappelt!« war sein Leitspruch, den er mir entgegenhielt. Er sagte »denn« statt »als«, weil er Germanistik studiert hat. Er glaubt mir bis heute nicht, daß auch ich lieber auf Speck schwabbeln würde, wenn ich wählen könnte und wenn ich dann auch tatsächlich an diesen Speck herankäme. Aber ich hatte nie Chancen bei den fettbrüstigen und rundhüftigen Frauen. Kaum jedoch sah mich ein Rippengestell, machte es mir schöne Augen.

Dieses hier im Zug mißachtete mich jedoch in ärgerlicher Weise. Es schaute zum Fenster hinaus, gähnte gelegentlich, las die Zeitschrift »Gala«, was auf eine gewisse psychophilosophische Oberflächlichkeit deuten ließ, von der ich mir in erotischer Hinsicht ebenfalls einiges versprach. Beim Ankleiden an diesem Morgen war ich in schwere zeitliche Drangsal geraten, denn es galt, meinen Anzug, er stammt noch von der Abitursfeier, mit einem passenden Hemd und mit meiner Krawatte zu kombinieren. Die Krawatte hat ein Paisley-Muster, und es stellte sich heraus, daß das blauweißgestreifte Hemd, das ich am Vorabend bereit gelegt hatte, als ich mit einer Dose Bier in der Hand mein Styling antizipierte, nicht mit der Krawatte harmonierte. In meiner Not griff ich nach meinem weißen Hemd, das jedoch ungebügelt war und sowieso einen krawattenungeeigneten Schlabberkragen besitzt. Schnell bügelte ich ein wenig herum, aber das Ergebnis war unbefriedigend. Ich saß auf meinem Zugsitz, nach vorne gebeugt, ich kam mir lächerlich vor in diesem Anzug. In der Tuchhose lagen meine Genitalien eng gepackt und gebeutelt rechts von der Hosennaht im Hosenbein am Oberschenkel an. Eigentlich mag ich diese meine Auswüchse nicht, ich habe mich nie an sie gewöhnen können. Man hat fast ausschließlich Ärger mit ihnen, und jemand muß schon von wilder Fortpflanzungswut geschüttelt sein, um solche Körperteile erregend zu finden. Na ja, bei der Gegenseite ist es auch nicht besser, sagte ich mir und schaute zum Winkel zwischen den Beinen meiner Abteilgenossin, in dem ich jetzt einen dezenten Beweis für das tatsächliche Vorhandensein von Genitalien zu erblicken glaubte. Unauffällig zog ich an meinen Hosenbeinen, um meine eigenen etwas bequemer und weniger lachhaft zu lagern. Man ist ja in solchen müden Frühmorgenstunden, insbesondere, wenn man in unangenehmer Mission ist, sozusagen kontradiktorisch besonders lüstern. Ich nenne das übrigens »Verweigerungsgeilheit«. Eine Verweigerungsgeilheit kann extreme Ausmaße annehmen, was an diesem Morgen zum Glück nicht der Fall war. Allerdings fand ich das Gesicht meiner künftigen Freundin inzwischen bereits spektakulär anziehend.

Jetzt erst nahm ich bewußt wahr, daß an einem der Kleiderhaken des Gepäckregals eine weiße Bluse auf einem Bügel hing. Im Augenblick trug die Dürre lediglich ein T-Shirt unter ihrem Spencer. Offenbar wollte sie die Bluse noch ein wenig schonen, um die Knitterbildung hinauszuzögern.

»Wie kommt es eigentlich, daß sich weiße Hemden oder Blusen viel schlechter bügeln lassen als farbige?« sagte ich.

Ich hatte noch kein Wort gesprochen an diesem Tag, und meine Stimme erschien mir erschreckend rauh und aufdringlich.

Sie schaute kurz zu mir hin, zuckte die Schultern, lächelte nicht.

»Sie müssen einfach sorgfältiger bügeln.«

»Aha«, dachte ich, »die Sorte: Bilde dir bloß nicht ein, du Mann, daß du mich unterhalten kannst. Auch über deine Scherze werde ich nicht lachen. Eigentlich mag ich keine Männer. Ich finde Frauen sowieso schöner.« Das war natürlich alles Quatsch, wie ich inzwischen weiß. Ich bin offenbar mit den Jahren ein wenig überempfindlich geworden.

Der Schaffner kam, sie schaute an mir vorbei und lächelte ihn an, während sie mit gestrecktem Arm auf die Rückgabe ihres »Fahrausweises« wartete. Ich nutzte die Zeit, um ihren sehnigen langen Hals mit den schön hervortretenden Schlüsselbeinen zu bewundern und die leider sehr, sehr zierlichen Ausbeulungen ihres T-Shirts zu mißbilligen. Ich beschloß, mich ungehörig zu benehmen, zog die Schuhe aus und legte meine Füße auf den Sessel gegenüber. Bei dieser Gelegenheit bemerkte ich, daß sich der nach innen geschlagene Umschlag des rechten Hosenbeines gelöst hatte und komplett nach unten hing.

»Haben Sie vielleicht Nadel und Faden dabei?« sagte ich.

Sie antwortete nicht, beugte sich jedoch zu ihrem Rucksack hinüber, der ebenfalls an einem der Kleiderhaken hing, und entnahm ihm eine Nadel mit einem dunklen Faden. Sie hatte sehr lange, dünne knochige Finger. Sie paßten zur Nase und zu den mageren langen Beinen.

»Vielen Dank! Ein Mann mit herunterhängendem Hosenumschlag ist fast so lächerlich wie einer, der den Hosenschlitz offen hat«, sagte ich. Sie lächelte nicht im geringsten.

Ich entblößte meinen rechten Unterschenkel und begann, den Umschlag mit großzügigem Hexenstich schnell zu fixieren. Jetzt beobachtete sie mich.

»Hexenstich!« sagte ich, ohne aufzublicken.

Als ich fertig war, Darmstadt war bereits passiert, erhob sie sich, nahm den Bügel mit ihrer Bluse und drehte ihren Körper äußerst elegant an mir vorbei, um die Abteiltür zu öffnen und auf den Gang zu treten. Plötzlich hatte ich ihr kleines Gesäß keine zehn Zentimeter vor meinem Gesicht. Mir schien, daß es eine Millisekunde länger an dieser Stelle verweilte, als es die innere Konsequenz des Bewegungsablaufes erfordert hätte. Als sie, auf dem Gang stehend, die Tür zuschob, grinste sie mich durch die Glasscheibe an.

So war das damals. Wir kamen tatsächlich ins Gespräch. Sie studierte Betriebswirtschaft und arbeitete nebenher als Unternehmensberaterin für Krankenhäuser. An diesem Tag war sie auf dem Weg nach Fulda, um in den dortigen Kliniken ein Seminar zu halten. Zusammen entwickelten wir einen Plan zur Kostendämpfung im Gesundheitswesen. Meine Seniorenheim-Firma könnte den Krankenhäusern frühzeitig den aus unserem Seniorenbestand wahrscheinlich entstehenden Bedarf an Krankenhausbetten mitteilen, sozusagen ein »just in time«-Verfahren, das Kosten sparen würde. Das Ganze könnte mit einer geeigneten Business-to-Business-Software vollelektronisch vonstatten gehen.

Dann waren wir auch schon in Frankfurt. Ich verließ den Zug in bester Laune. Erst, als ich in der Bahnhofshalle ankam, als der Triebkopf des ICE wieder aufheulte, um den Zug aus dem Bahnhof zu schieben, fiel mir auf, daß ich schicksals- und hormonberauscht nicht daran gedacht hatte, nach dem Namen und der Telephonnummer der Dürren zu fragen. Minutenlang stand ich starr vor Wut über mich selbst, unfähig, meinen Weg fortzusetzen, umlauert von Taschendieben, Halsabschneidern und dem übrigen Gesocks, das sich in dieser Frankfurter Bahnhofshalle auf der Suche nach tölpelhaften Reisenden herumtreibt.

Mein Vorstellungsgespräch verlief nicht sehr glücklich. Der Chef der »Senex AG«, ein langer, arroganter Typ, faselte herum wie die Angeber im Börsenfernsehen, man sei »gut aufgestellt«, der »return on assets«, den man »generiere«, sei phantastisch usw. Ich hatte den Eindruck, er benutzte mich sozusagen als Probepublikum für einen geplanten Vortrag. Jedenfalls gehe sein »enlargement« in Richtung Mallorca, Altenheime auf Mallorca, das sei der Hit in unserer überalterten Wohlstandsgesellschaft, später könne man gar »global player«, Seniorenresidenzen könnten zu »multikulturellen Begegnungsstätten« werden. Die Lebenserwartung steige ständig, und bald seien die Leute über dreißig, vierzig Jahre hinweg alt und mehr oder weniger pflegebedürftig. Wenn erst die Generation der Erben ins Rentenalter käme, und so weiter ...

Ich kam kaum zu Wort. Eigentlich wollte auch niemand etwas wissen von mir. Als ich ging, sagte man mir: »Sie hören von uns.« Drei Wochen später hatte ich immer noch nichts gehört. Der Börsenkurs der »Senex AG«

hatte sich inzwischen halbiert. Als ich in Frankfurt anrief, sagte man mir, man habe den Bedarf durch Umbesetzungen aus dem eigenen Haus befriedigt.

»Wassen Glück!« dachte ich. Inzwischen hatte sich ja einiges ereignet in meinem Leben.

Wieder in Heidelberg angekommen, es war erst früher Nachmittag, fuhr ich zunächst nach Hause, zog den Anzug aus und ließ mir über das Internet sämtliche Bahnverbindungen zwischen Fulda und Heidelberg ausdrucken. Es gab eine Menge davon. Bis tief in die Nacht hinein kamen Züge nach Heidelberg, in denen sie sitzen könnte. So ein Beratungsseminar dauert gewöhnlich mindestens bis gegen 18 Uhr. Die frühestmögliche umsteigefreie ICE-Verbindung ging um 18:50 Uhr ab Fulda, Ankunft: Heidelberg 20:42 Uhr, Gleis 7 a und b. Blieb also viel Zeit. Ich verließ meine Wohnung (daß sie Schloßblick und eine große Terrasse zum Neckar hin hatte, würde der Dürren auf jeden Fall imponieren!) und aß eine Kleinigkeit im Café Journal. Getragen von einem selbstgewährten Vorschuß auf den vom baldigen Wiedereintritt der Frau in mein Leben zu erwartenden Schub an Ichpräsenz gelang mir dort ein aufregender Flirt mit einer hübschen drallen blonden Touristin. Sie befand sich in Begleitung eines bereits senil wirkenden Japaners oder so. Immerhin! Endlich mal wieder! Ich bestellte einen Wein, dann noch einen. Japaner sollen ja sehr kleine haben. Am Nebentisch bezahlte der Mann, und die Blonde beachtete mich plötzlich nicht mehr. Vielleicht drehte sie sich an der Tür noch einmal zu mir um? Nein, das tat sie nicht.

Ich ging zum Friseur, wo ich plötzlich meine starke Müdigkeit spürte und wo ich wohl während der verschiedenen Schneidevorgänge kurz eingenickt war. Ich schreckte auf, als die kleine Friseurschwuchtel plötzlich an meiner Ohrmuschel herummachte.

»Wenn die Herren etwas älter werden, wachsen da oft ein paar Härchen an den Ohren«, sagte sie.

Anschließend besuchte ich ein Fachgeschäft für Herrentrikotagen, um eventuell das Problem mit dem mißlichen Lagerungsverhalten meiner Genitalien zu lösen. Ärgerlicherweise bediente eine junge Dame. Sie waren einfach überall! Mich nervt bereits, wenn ich im Kaufhaus in den Unterhosen wühle, und neben mir am Grabbeltisch stehen Frauen, so, als wäre das vollkommen selbstverständlich. Sie nehmen Herrenslips auf, spannen deren Bund mit den beiden Zeigefingern und halten sich die Sache vors Gesicht, die Eingriffsöffnung unmittelbar vor der Nase. Offenbar halluzinieren sie das Gemächt ihres Mannes, wie es sich hinter dieser Öffnung plaziert. Falls sie überhaupt einen Mann haben, was ich durchaus bezweifele. Man muß sich das einmal umgekehrt vorstellen, in der Abteilung für Damenunterwäsche!

Die junge Dame im Geschäft war sehr hübsch. Ich vermute, ich wurde sogar ein wenig rot, als ich mein Anliegen vortrug. Ich sprach vom »schlechten Sitz« der meisten Boxershorts, die ich besaß. Sie nickte kennerisch mit dem Kopf, schaute jedoch durch mich hindurch. Ich bat um Vorstellung möglicher Alternativen. Sie drehte sich um und öffnete einige Schubfächer. Unter ihrer hellen Hose trug sie einen schwarzen Stringtanga, der mit Sicherheit scheuerte. Sein Bund schaute oben an der Hose raus. Auf der Theke lagen schließlich mehrere Modelle, die sie nacheinander vorstellte. Das vierte Modell, französisches Fabrikat, habe »einen Pouch«, sagte sie, indem sie auf die eingenähte Ausbeutelung in der Front der Hose wies, die an der Körperstelle anliegen würde, an der im allgemeinen die Genitalien eines Mannes hervorwachsen und wo sie sich eigentlich auch dann aufhalten sollen, wenn dieser Mann eine Unterhose trägt. Die Ausbeutelung erinnerte ein wenig an die Schamkapsel, die Braguette, die leider in den letzten Jahrhunderten aus der Mode gekommen ist.

»Ah ja, mit Pouch, natürlich, mit Pouch, sehr gut!« rief ich. Ich kaufte zwei Exemplare à dreißig Euro, auch, um der Verkäuferin zu imponieren, die mich jedoch weiterhin wie einen Unsichtbaren behandelte. Es hat sich dennoch gelohnt. Heute kann ich sagen: Ich bin zufrieden und glücklich mit dem Pouch. Peu à peu werde ich meinen gesamten Bestand an Boxershorts um- und aufrüsten.

Es war zwar erst neunzehn Uhr dreißig, aber ich konnte noch etwas Zeit totschlagen, indem ich zu Fuß zum Hauptbahnhof ging. Das half auch gegen die leichte Betrunkenheit, die meine Attraktivität wohl nicht erhöhte. Kurz nach acht Uhr war ich da. Es blieben noch knapp vierzig Minuten. Ich kaufte mir eine »Gala«, setzte mich in die Bahnhofskneipe und trank zwei Tassen Kaffee. Felipe von Spanien hatte neuerdings echten Ärger mit seiner Freundin Eva Sannum, dem norwegischen Unterwäsche-Model. Sie soll gesagt haben, als Liebhaber sei er eher mittelmäßig. »Schon wieder Unterwäsche«, dachte ich. Mitgeliefert wurde ein Foto von Eva im Slip! Mein Gott, was für eine Figur! Was für ein Hüftschwung! König müßte man sein, dann käme man an so etwas ran! Welch ein Glück hatte dieser Felipe und wußte es nicht zu schätzen! Ich hingegen würde wieder mit einem Rippengestell vorlieb nehmen müssen. Weiter ging es: Heiner Lauterbach mit einer gewissen Viktoria Skaf: Ebenfalls schon wieder in der Krise. Lauterbach behauptete, er habe Herzklabastern. Sogar mit Viagra schaffe er mit Ach und Krach gerade mal einen Wachsweichen. Jedenfalls interpretierte ich das Geschriebene so. Wie auch immer – irgendwie waren die Güter der Welt ungerecht verteilt.

Endlich hatte es Sinn, zum Bahnsteig 7 a und b zu gehen. Ich tat es, klopfenden Herzens. Wie sollte ich das alles jetzt anstellen? Ich hielt mich oben an der Treppe auf, die zum Bahnsteig hinunterführte und die alle ankommenden Passagiere heraufkommen mußten. Der Zug war pünktlich, ich selbst jedoch völlig ohne Plan, und mein Herz raste so schnell, daß ich um mein Leben fürchtete. Zum Glück war die Dürre nicht im Zug.

So ging das nicht! Der nächste in Frage kommende Zug würde um 21:50 einlaufen, Gleis 3a, »Fahrradmitnahme begrenzt möglich«. Mit dem Taxi fuhr ich zurück nach Hause, putzte mir die Zähne und zog eine Unterhose mit Pouch an. Es war in der Tat begeisternd, wie zentriert und souverän sich sämtliche Genitalien darin lagerten. Ich schlüpfte erneut in meinen Anzug, nahm denselben Aktenkoffer in die Hand, den ich auch heute früh bei mir gehabt hatte, und fuhr mit meinem Auto zum Hauptbahnhof, wo ich zum Glück einen Kurzzeitparkplatz fand. Um Punkt 21:50 stand ich am Gleis 3a, verborgen hinter einer Informationstafel. Ich würde so tun, als hätte ich im gleichen Zug gesessen und sei ebenfalls gerade ausgestiegen.

»Hallo«, würde ich sagen, mein Köfferchen schwingend, »so ein Zufall! Wieder im selben Zug! Wie ist es gelaufen in Fulda?«

Ganz zwanglos, ganz natürlich, der Rest würde sich von selbst ergeben. »Noch auf ein Bierchen?«

Oder: »Darf ich Sie nach Hause bringen?« Der Zug fuhr ein, wieder raste mein Herz, die Leute stiegen aus. Es waren nur zehn, fünfzehn Personen und zwei Fahrräder nebst zugehörenden, offensichtlich notgedrungen lesbischen Fahrerinnen, alt, militant häßlich, dick, mit Fahrradsturzhelmen, die sie offenbar schon im Zug getragen hatten, und mit Outdoorjacken. Kein schönes Rippengestell weit und breit.

Ich wollte noch die Chance um 22:44 Uhr abwarten, wieder Gleis 7 a und b, »Fahrradmitnahme reservierungspflichtig«. Danach würde ich auf jeden Fall abbrechen. Ich setzte mich auf eine Bank an Gleis 7 a und b. Der Tag war lang gewesen, irgendwann muß ich eingeschlafen sein. Ein Bettler weckte mich, ob ich zwei Euro hätte? Ich verscheuchte ihn. Die Lautsprecher kündigten eine halbstündige Verspätung des Zuges an. Als er schließlich kurz vor Mitternacht tatsächlich einrollte, war ich absolut am Ende. Es war mir nur recht, daß die Dürre nicht im Zug war. Existierte die überhaupt wirklich? Ich war mir nicht mehr sicher.

Am nächsten Tag saß ich wieder vor meinem Computer und entwarf Details für einen Tankstellentyp, der ein paar Dutzend Mal aufgestellt werden würde. Warum nur war ich zu solch einem stupiden Leben verdammt? Obwohl ich neulich im Intelligenztest von Günter Jauch einhundertdreiundvierzig Punkte gemacht hatte! Wie hoffnungsvoll hatte mein Dasein einst begonnen! Irgendwann rief ich Walther an und erzählte von meinen vergeblichen Bemühungen.

»Garantiert ist sie dürr«, sagte er.

»Es geht.«

Er brachte mich auf die Idee, auf der Internet-Site der Universität nachzuschauen, ob es irgendwelche Hinweise auf diese Klinik-Beraterei gäbe. Sehr schnell fand ich die Darstellung eines Projektes für postgraduierte Wirtschaftswissenschaftler im Bereich »Clinic Consulting«. Fünf Namen mit E-Mail-Adressen wurden genannt, darunter drei weibliche, »Christina Neuhaus« – nie im Leben hieß die dürre Langnase so –, »Cornelia Gerdes« – schon eher – und »Gaby Hatschek«. »Hatschek« paßte vom Klang her nicht schlecht. Ich gab den Namen in die Suchmaschine und erhielt Hinweise auf die Eternitfabrik Hatschek in Ungarn, die Hatschekschen Forstverwaltungen an der Donau in Österreich. »Hatschek«, so hieß es schließlich, sei tschechisch und heiße »Haken«, meist sei der v-förmige Haken über dem »c« gemeint. Bingo! Das war sie! Gaby Hatschek, Gaby, der Haken! Ich schickte eine E-Mail los: »Wie ist es gelaufen in Fulda? Gruß vom Hexenstich.« Die Antwort kam sofort, es war gut gelaufen, und sie hatte bei einer Freundin in Fulda übernachtet. Auch der Rest ging sehr schnell. Nach unserem ersten Rendezvous rief ich meinen Freund Walther an, erstattete Bericht und schwor, die alten Fehler dieses Mal nicht zu machen.

»Dafür wirst du neue Fehler machen«, sagte er, »und die alten Fehler wären bei ihr vielleicht gar keine.«

Aber Gaby Hatschek ist tatsächlich »meine Freundin« geworden. Eine derartige verbale Paarung zu adoptieren fällt mir immer noch schwer, obwohl wir bereits einige Monate »zusammen« sind. Also, diese meine Freundin sprach übrigens den Satz, »wir sind zusammen«, nachdem wir zum ersten Mal so etwas in der Art von Geschlechtsverkehr hatten. Irgendwie hatte es überhaupt nicht harmoniert, obwohl es, wenn ich meine Hand an die beschriebene Stelle legte, tatsächlich so war, als fütterе man ein Pferd. Vor allem paßte sie nicht auf ihre Zähne auf. Ich war schmerzverzerrt, traute mich aber nicht, Anweisungen zu geben. Später entstand eine komplizierte Situation, in der ich auf dem Teppich hockte und sie auf mir. Sie bewegte sich außerordentlich fleißig – sie ist ja leicht und dünn –, aber ständig gegenläufig zu mir, was den angestrebten und zur Lustmaximierung unentbehrlichen Hub immer wieder kompensierte. Ich fuhr mehrfach ins Leere, war vernichtet wie ein Golfspieler, der beim Drive den Ball verfehlt. Schließlich, ausgerechnet dann, als ihre Erregung sich dem Höhepunkt oder dergleichen zu nähern schien, kam es gar zu einer für uns beide sehr schmerzhaften extremen Fehlsteuerung. Ich dachte, er bricht mir entzwei, und auch Gaby war schwer und ungünstig getroffen. Dieser Übergriff des Lächerlichen lastete eine ganze Weile auf unserem keimenden Sexualleben, auch wenn wir die Angelegenheit schließlich in einer unkomplizierteren Position redlich zu Ende brachten. Ein, zwei Stunden später saßen wir, in Wahrheit noch etwas peinlich berührt von unseren mißratenen Bemühungen, im fortgeschrittenen Oktober auf einer Parkbank am Neckar und führten überzeugend das Gehabe von Glücklichen vor. Gerade gelang es mir, mit geschlossenen Augen die Morbidität des sonnigen Tages zu genießen, der in linkischer Weise den Sommer nachäffte, obwohl es schon schwer nach Moder und frisch ausgehobenen Gräbern roch. In diesem Augenblick kam eine Bekannte von Gaby mit ihrem Köter vorbei. Ich sagte artig: »Ich bin der Herbert«, und bewegte den Kopf ein wenig zur Seite, um mein Antlitz in den Schatten zu bewegen, den die vor uns stehende Bekannte warf. Auf diese Weise wollte ich den beträchtlichen Altersunterschied zwischen mir und Gaby zumindest optisch ein wenig äquilibrieren. Aber es war zu spät: Die Bekannte hatte bereits einen zweifelnden, ja ungläubigen Gesichtsausdruck aufgesetzt, während ihre Augen zwischen Gabys Gesicht und dem meinen hin- und herflackerten. Auch ihr Köter prüfte offenbar unsere Kompatibilität im Hinblick auf die zu erwartende Restlebenszeit, indem er abwechselnd an uns beiden herumschnüffelte. Und in diesem Moment sagte Gaby mit auftrumpfendem, ja stolzem Gehabe: »Wir sind zusammen, Herbert und ich.« Mit wieder fest im Sattel sitzendem Selbstwertgefühl ergriff ich ihre Hand, die sie vorher, begleitend zu ihren Worten, auf meinen Oberschenkel gelegt hatte. Offensichtlich erachtete sie, ebenso wie ich selbst, den ersten, frisch daneben gegangenen Anlauf zur erotischen Leidenschaft sozusagen als Startschuß, oder, um bildlich exakt zu bleiben, als introduktiven Querschläger eines umfassenden existentiellen Zusammenseins. Probeweise und heimlich wiederholte ich diesen Satz ein paar Mal in meinem Gehirn:

»Wir sind zusammen, Herbert und ich.«

»Du, wir sind zusammen, Herbert und ich« – bis mir auffiel, daß meine Version lauten mußte:

»Wir sind zusammen, Gaby und ich.«

Heute befinde ich mich im Mai des darauf folgenden Jahres. Die Aktien der »Senex AG« haben achtundneunzig Prozent ihres Wertes verloren. Mehr oder weniger herrlich leuchtet mir die Natur, und unbegreiflicherweise sind wir immer noch »zusammen«, Gaby Hatschek und ich. Das liegt vielleicht daran, daß ich diese Wortbildung, nämlich »wir sind zusammen«, tatsächlich systematisch auszusprechen übte. Ich machte mir die Sache etwas einfacher, indem ich die Namen wegließ und bis heute weglasse.

»Wir sind zusammen« oder »ach wißt ihr, ich bin ja mit einer Frau zusammen«, sagte ich damals gelegentlich in meiner leeren Wohnung vor mich hin. Heute komme ich gar nicht mehr zu solchen Äußerungen, weil ich nur noch selten allein bin. Ich bin ja zusammen.

Ja, warum eigentlich nicht? Wieder sitzen wir auf der Parkbank am Neckar. Seit der Stunde, an der Gaby unser Zusammensein deklarierte, ist diese Bank unser Stammplatz geworden. Die Last unserer Sentimentalität hat die stählernen Beine inzwischen ein wenig tiefer in die feuchte Erde gedrückt. Wieder scheint uns die Sonne ins Gesicht, und alles ist so, als müsse es so sein, wie es ist, und als wäre es niemals anders gewesen. Gaby gibt mir einen kurzen Kuß, dann richtet sie ihre große Nase wieder genau in die tief stehende Sonne. Auch, was diese Kußform angeht, habe ich mich angepaßt. Gaby neigt zu so etwas. Wenn wir uns gegenüber sitzen und besonders dann, wenn ein Gesprächsabschnitt beendet ist, spätestens jedoch alle fünfzehn Minuten stützt sie die gestreckten Arme auf die Oberschenkel und läßt sie langsam nach vorne zu ihren Knien, jedenfalls in meine Richtung rutschen. Ihr Gesicht kommt mir langsam, aber stetig entgegen. Im Abstand von zirca dreißig Zentimetern beginnt sie, den Mund zu spitzen. Dann geht es ganz schnell, aber ich weiß inzwischen, was kommt, und bin vorbereitet: Plötzlich beschleunigt sie ihre Vorwärtsbewegung, neigt den Kopf ein wenig, damit unsere Nasen nicht kollidieren, und gibt mir einen ganz kurzen Kuß auf den Mund, um sofort in die Ausgangsposition zurückzuschnellen und die Hände von ihren Oberschenkeln zu lösen. Falls noch etwas im Glas ist, nimmt sie dann einen Schluck. Das scheint eine Art Refrain der Liebesmelodie zu sein, die sie für sich und für uns beide komponiert hat.

Sie ist inzwischen promoviert. Ich gestehe, ich bin ein wenig stolz darauf, eine Frau Dr. Hatschek zur Freundin zu haben. Wenn ich mich nicht täusche, beneidet mich Walther sogar um Gaby, obwohl er mich, wenn wir allein sind, ständig in provokativer Absicht auf dralle Frauen aufmerksam macht.

»O mein Gott! Kuck dir diese Mördertitten an!«

Gewiß: Hin und wieder würde ich gerne mal richtig ins Volle fassen, aber insgesamt weiß ich die leichte, feste und bewegliche Gestalt meines Hakens zu schätzen, insbesondere, wenn ich mit ihr die Situation aus dem Kinofilm nachstelle. Wir halten das, wenn es sein muß, stundenlang durch. Auch das Geräusch ist ähnlich, allerdings mit etwas mehr Knochenanteil, wegen des geringen Dämpfungseffektes von Gabys Gesäßbacken. Ich genieße die dramatischen, spektakulären optischen Effekte, die während der organischen Vereinigungen zu besichtigen sind. Das im Verhältnis zu Gabys extremer Schmalheit machtvolle, ja furchterregende Format meines Vollstreckers hat mich mit diesem und den benachbarten Körperteilen ein wenig ausgesöhnt. Mein Problem mit ihren Zähnen hat sie inzwischen in den Griff bekommen, indem sie es gar nicht mehr versucht. Man kann nicht alles haben. Und unsere Hubbewegungen sind inzwischen derart perfekt synchronisiert, daß es, wie gesagt, nur so klatscht und kracht. Demnächst will ich sogar für uns beide das Wort »Lebenspartnerschaft« ausprobieren. Mal hören, wie das klingt.

Das Revier. Nach wie vor finde ich die Bushaltestellen an der Elbchaussee optimal für die Verwirklichung meiner Pläne. Daran haben die Ereignisse der vergangenen Woche nichts geändert. Aus den umliegenden Wohnvierteln, aus Othmarschen, Klein-Flottbek, Nienstedten sickern viele vornehme und gepflegte Damen. Außerdem liegen die angrenzenden Villen weit ab von der Straße, so daß ich den Bewohnern kaum auffallen kann. Vor einigen Jahren begriff ich ganz allmählich, daß ich wohl nie wieder in meinem Beruf würde arbeiten können. Wenn mich jemand fragt, was ich denn so tue, sage ich mit einer Koketterie, die verbergen soll, wie sehr ich diese Worte geradezu aus mir hinauspressen muß: »Ich bin gelernter Philosoph.« Als ob man so etwas lernen könnte! Jedenfalls habe ich vor einigen Jahren – ich will gar nicht daran denken, wie lange es genau her ist – an einer süddeutschen Universität einen Doktortitel im Fach Philosophie errungen. Neulich fragte ich aus einer plötzlichen sentimentalen Anwandlung heraus in einer Buchhandlung nach meiner Arbeit über Leibniz. Die Buchhändlerin war, wie alle Buchhändler- und Bibliothekarinnen, von mäusehafter Anmutung. Sie schaute auf ihrer CD-ROM nach, und siehe da: Ich bin offenbar bis heute lieferbar. Selbst besitze ich allerdings kein Exemplar meiner Arbeit mehr. Das letzte meiner Belegexemplare habe ich vor zwei, drei Jahren einer jungen Frau geliehen, um sie von mir zu beeindrucken. Es hat nicht geklappt. Am Ende beleidigte ich sie, und das Buch war weg. Eigentlich will ich partout nichts mehr damit zu tun haben. Als die Buchhändlerin fragte, ob ich das Werk denn wünsche, bekam ich einen roten Kopf und sagte, es sei mir zu teuer.

Nach der Promotion hing ich rum und bekam keinen Job. Ich weiß noch, wie zornig mich das machte. Schließlich sprach mein Professor mit einem Hamburger Kollegen, der eine ABM-Stelle für mich organisierte. An dem privat finanzierten Institut wollte niemand besonders viel von mir. Man war froh, wenn ich nicht allzu oft auftauchte. Ich schrieb einen langen Aufsatz über meine Forschungsergebnisse, aber er wurde nie gedruckt. Ich glaube heute, daß ich wohl zu wenig menschheitliche Betroffenheit gezeigt hatte. Mir ging das auf die Nerven dort. In der Tat war ich im Zweifelsfall lieber ein erstklassiger Zyniker als ein zweitklassiger Moralist. Es handelte sich um etwas, das ich »protofaschistische Philosophie« nennen mußte. Dieser hochgestochene Ausdruck war eigentlich schon damals out. Aus Verzweiflung darüber, daß mich niemand beachtete, bot ich an der Universität eine Lehrveranstaltung an, die mir einige Affären mit Philosophiestudentinnen einbrachte. Noch heute zehre ich in meinen einsamen Nächten visuell-imaginativ davon. Nach zwei Jahren »lief« die Stelle »aus«, wie man so schön sagte. Seither bin ich arbeitslos und unvermittelbar. Das Arbeitsamt überweist regelmäßig meine Arbeitslosenhilfe und behelligt mich ansonsten kaum. Außerdem erhalte ich etwas Wohngeld. Die erste Zeit über konnte ich mich noch einigermaßen zukunftsorientiert beschäftigen. Ich las Bücher und besuchte Fachveranstaltungen, oder ich führte wenigstens angeregte Gespräche über gesellschaftliche und philosophische Themen, so, als hätte ich tatsächlich irgendeinen Einfluß auf diese Geschehnisse. Sogar an einem »Jour fixe« nahm ich teil. Ich und andere Wichtigtuer betranken uns einmal pro Woche im Nebenraum einer St.-Pauli-Spelunke. Wir krakeelten rum und benutzten poststrukturalistische Vokabeln. Jedesmal war ich anschließend vollkommen verkatert. Manchmal schrieb ich eine Bewerbung, am Ende auch für Positionen in der Wirtschaft. Ich glaubte mich durchaus hierfür geeignet. Wahrscheinlich war ich es auch. Nach drei, vier Tagen kamen meine Unterlagen zurück. Niemals erhielt ich eine Einladung zum Vorstellungsgespräch. Schließlich gab ich auf. Ich verlegte mich auf preisgünstige Sportarten wie Joggen, Schwimmen und Liegestütze-Machen, ich schlief viel und führte viele Selbstgespräche. Auf diese Weise blieb ich körperlich und seelisch einigermaßen fit. Täglich gegen Mittag verließ ich meine Wohnung und lief in der Stadt rum. Jedesmal blickte ich auf mein Klingelschild, auf dem ich mit »Doktor« firmierte. Ich hatte den Titel ausgeschrieben. Er und mein Waschbrettbauch gaben meinem Selbstwertgefühl einen letzten Halt.

Nachdem ich die Sache mit den Bushaltestellen entdeckte, floß neuer Sinn in meine Existenz. Zuvor war ich, wenn es irgend möglich war, U-Bahn und S-Bahn gefahren, um Zeit zu sparen, und weil es mich überforderte, die komplizierteren Wege und Abfahrtzeiten der Busse zu lernen. Lieber ging ich die verbleibenden Strecken zu Fuß. Irgendwann wurde mir klar, daß ich mit der gesparten Zeit gar nichts anfangen konnte. Es war im Gegenteil viel angenehmer, das Leben in öffentlichen Verkehrsmitteln verrinnen zu lassen als zu Hause, wo mich jeder Quadratzentimeter auf seine eigene originelle Weise niederschmetterte. Am angenehmsten waren die Busse, die zu gutbürgerlichen Stadtteilen fuhren. Ich bevorzugte die störungsfreien Sitze kurz vor der Rückbank. Die Rückbank selbst mied ich allerdings, weil dort, und insbesondere in den Ecken links und rechts, gerne mit Erbrochenem, Auswurf und Exkrementen geschmiert wird. Immer größere Teile des Tages verbrachte ich in den Bussen, ließ mich treiben, fuhr hierhin, dorthin, besuchte den Markt in Blankenese, tändelte zu den Walddörfern hinaus, verließ die Stadt und fuhr wieder hinein. Gelegentlich gab ich es mir etwas härter, nahm die Linien durch St. Georg oder die Stresemannstraße entlang, um etwas Drogenkriminalität, Prostitution und Multikulturalismus einzuatmen. Anschließend entspannte ich mich wieder auf der vornehmen Elbchaussee. Einmal wollte ich vom Schnellbus in einen langsameren Bus wechseln. Der Verkehr war jedoch, wie man hörte, durch einen havarierten Autokran blockiert. Mehr und mehr Damen und Herren gesellten sich zu mir. Wie meistens in Situationen des ungewollten, aber unvermeidlichen körperlichen Beieinanderseins, lag ein peinvolles Schweigen in der Luft. Schließlich begann jemand, auf die Verkehrsbetriebe, die öffentlichen Verkehrsmittel und überhaupt die ganze Politik zu schimpfen. Andere taten mit, und neue Gemeinschaft entstand unter den Wartenden.

Als der Verkehr endlich wieder floß, blieb ich wegen einer plötzlich über mich hereinbrechenden Existenzschwäche stehen. Mein Blick und mein Denken waren in der Situation gefangen wie eine Fliege in Zuckerrübensirup. Auch mein Körper konnte sich eine Weile nicht mehr bewegen. Ich meisterte die Lage, indem ich zunächst wieder den Blick hin- und herbewegte, ihn dann schweifen ließ, den Kopf drehte und schließlich auf und ab ging. Niemand hatte etwas von meinem kleinen Anfall bemerkt. Die Mitwartenden wurden eilig abtransportiert, und daß ich im Wartehäuschen verharrte, war nichts Besonderes: Ich wartete eben auf die nächste oder übernächste Buslinie. Die Neuankömmlinge gingen davon aus, daß ich eine Weile vor ihnen eingetroffen war. Beobachter aus Wohnungsfenstern konnte es, wie gesagt, nicht geben.

Zufällig hatte ich also eine Möglichkeit gefunden, unverdächtig, ja ich möchte sogar sagen, gerechterweise an einem öffentlichen Ort zu existieren und dabei gleichzeitig ein Publikum hautnah an mir vorbeiziehen zu lassen. Ich begriff, daß diese gläsernen Wartehäuschen nichts anderes sind als genial ersonnene jagdliche Ansitze, an denen, wenn mir ein Fortfahren in dieser Bildwelt gestattet ist, das Wild nicht nur vorbeiläuft, sondern in die es sogar hineinhüpft und -schlüpft. Überdies ist der Aufenthalt auch in Zeiten seltenen Wildwechsels durchaus angenehm: Ein Blick über die Elbe, in den Jenisch-Park, ein bißchen in der Morgenpost lesen, oder auch, wenn gar nichts los war, das Döschen Bier leer trinken, das ich stets in meiner Schein-Arbeitstasche mit mir trage. Ich habe eine winzige Erbschaft gemacht, die ich dem Arbeitsamt verschwieg. Mit dem Geld legte ich mir ein durchaus ansehnliches Gehobener-Angestellter-Outfit zu, als zusätzliche Sicherheit, wenn man so will. Ich kaufte mir einen eleganten Trenchcoat, ein paar schwarze Oxford-Schuhe, die zumindest auf den ersten unerfahrenen Blick sehr edel wirken, ein teures englisches Eau de Toilette, die besagte Arbeitstasche aus feinstem dunkelgrünen Leder, in der ich neben der Bierdose und der Morgenpost auch die »Financial Times« und die schweizerische Zeitschrift »Du« mit mir führe. »Du« kommt gut bei kulturbeflissenen Geisteswissenschaftlerinnen mittleren Alters an. Leider sind sie fast ausnahmslos sehr unattraktiv. Ein Fünfhundert-Euro-Fliegerchronograph, der nach zweitausend Euro aussieht, sowie ein teures Portemonnaie mit Reißverschluß und Krokoprägung tun ein übriges: Ich hätte mir früher nicht träumen lassen, welch einen Zugewinn an selbstempfundener Existenzberechtigung solche Dinge mit sich bringen. Ich leide an starken Antlitzschwankungen, für die selbst jahrelange Ursachenforschungen keine brauchbaren Kausalitäten gefunden haben. Manchmal schlafe ich leidlich gut und sehe fahl und zerfressen aus. Das andere Mal liege ich die ganze Nacht mit Gemütsrasen wach, finde mich jedoch am nächsten Tag einigermaßen erträglich. Meine physiognomischen Unbeständigkeiten werden durch die genannten Ausstattungsgegenstände eingeebnet. Ein bestimmter Wahrnehmungsstandard bleibt bestehen, und selbst dann, wenn das Gesicht deutlich zerrüttet ist, wird gutwillig vermutet, daß die Karriere wohl ihren Tribut fordert. Und »Karriere« ist schließlich ein Wort, das die Frauen sinnlich aufwühlt und erregt: Ein Mann hat sich etwas geschaffen, allein ihm fehlt der erdig ruhende Pol eines Weibes, das ihm mit seiner emanzipierten Fürsorglichkeit sowie mit avancierten erotischen Angeboten und mit Blumensträußen die geschmackvoll eingerichtete Wohnung beseelt.

Ich habe alles dabei, wenn ich unterwegs bin: Mundwasser, Zahnbürste, Kondome mit unterschiedlichen Wandstärken, um auf alle Spezialwünsche vorbereitet zu sein. Auf den großen Durchbruch warte ich indes bislang vergeblich, obwohl ich immerhin seit etwa zwei Jahren im Einsatz bin. Das Revier an der Elbchaussee mußte ich schon zwei-, dreimal für einige Wochen meiden, weil es mir so vorkam, als fiele ein gewisses Mißtrauen auf mich. Es könnte sein, daß mich einige der Damen, die mit mir im Wartehäuschen gestanden hatten, in widersprüchliche Buslinien steigen sahen. Man muß ja auch damit rechnen, daß man in den Verdacht gerät, ein Päderast zu sein, denn: wäre man einer, hätte man ja mit meinem Trick und einigen Ferrero-Überraschungseiern die besten Chancen. Ich verlegte mich während dieser Pausen auf verschiedene andere bürgerliche Reviere Hamburgs, aber nirgends hatte ich ähnlich positive Vibrationen wie an der Elbchaussee. Dort schien mir die Erfüllung meines Traumes regelrecht greifbar: Der Einzug in das Haus einer begüterten, gebildeten Dame. Sobald sich meine persönliche Anmutung und mein Selbstwertgefühl den neuen Lebensumständen assimiliert hätten, würde ich ein philosophisches Institut eröffnen, von dem alsbald die ganze Hamburger Gesellschaft spräche. Meine Lehrtätigkeit würde dann das Tor zu einer neuen Epoche ausschweifenden Lebens aufstoßen. Aber das ist immer noch Zukunftsmusik, auch wenn ich in der vergangenen Woche ein erstes erfolgversprechendes Erlebnis in die richtige Richtung hatte.

Es begann übrigens gar nicht an einer Bushaltestelle, sondern im Schnellbus von Blankenese in die Innenstadt. Ich hatte in Blankenese den Markt besucht, weil ich wußte, daß dort interessante Frauen verkehren. Der Bus war bereits gut gefüllt. Die »Financial Times« lag blaßrosa auf meiner grünen Aktentasche, und ich freute mich über die farbliche Harmonie. Bei Teufelsbrück stieg eine vielleicht fünfzigjährige, markant großbrüstige Dame in einer offenstehenden Nerzjacke zu. Ohne zu zögern, setzte sie sich auf den freien Sitz neben mir. In die Aura ihres Parfums gehüllt, betrachtete ich sie von der Seite. Sie war stark geschminkt und offenbar geliftet, was mir ihre etwas zu glatte Wangenhaut sowie die feinen Narben an ihren Ohren verrieten. Aber alles in allem rechnete ich sie zu meiner Zielgruppe. In Altona wurde der Bus sehr voll, und es ergab sich ein Gespräch über die räumlich bedrängte Situation und ihre eigene Komik. Die Dame war plötzlich ausgesprochen freundlich und interessiert. Ich schaute ihr einige Male tief und verheißungsvoll in die Augen. Ihre Brüste waren mir sehr nahe. Als der Bus eine Kurve fuhr, berührte ich eine von ihnen leicht mit dem Ellenbogen. Ich spürte, wie eine seit langem vermißte Erregung über mich kam. Als ich mitteilte, daß ich am Gänsemarkt aussteigen würde, »ich habe ein Briefing wegen unserer neuen Kampagne«, fragte sie mich ohne weitere Überleitung, ob ich heute nachmittag »zum Tee« kommen wolle. Mit ihrer Karte in der Hand, die sie als »Innenarchitektin« auswies, lief ich, von Phantasien gepeitscht, nach Hause, duschte noch einmal, wusch alles besonders gründlich, nahm eine Multivitamintablette, trug mein englisches Eau de Toilette auf und zog die edle Unterwäsche von Zimmerli an, die ich seit Jahren für diesen Tag bereit hielt. Exakt um fünf war ich in Nienstedten, stand vor der Tür eines großen, von drei Parteien bewohnten Hauses »auf parkähnlichem Grundstück« und klingelte. Ich hatte Herzklopfen und einen latenten Blutstau im Unterleib, als sie öffnete. Mein Blick fiel sofort auf die zwei großen Tischlampen mit gelben Schirmen links und rechts am großen Fenster zur Straße hin. Wer in Hamburg zum Bürgertum zählen möchte, muß diese beiden Lampen ins Fenster stellen. Die übrige Einrichtung der Räume wurde von englischen Stilmöbeln dominiert. Aber ich hatte nicht viel Zeit für Beobachtungen, weil mich die Dame mit ziemlich herrischer Stimme keineswegs zum Tee, sondern sofort ins Schlafzimmer bat, wo sie alles vorbereitet hatte. Die Läden vor den Fenstern waren geschlossen.

Ich möchte es jetzt kurz machen, weil ich noch nicht recht weiß, wie ich mich zu meiner Rolle in dieser Handlung innerlich zu positionieren habe. Im Stehen tranken wir Champagner. Schnell schüttete sie zwei, drei Glas in sich hinein. Sie befahl mir, mich zu entkleiden. Ich tat, wie geheißen. Sie warf einen kurzen und, wie mir schien, nicht sonderlich interessierten Blick auf mein bereits sehr sperriges und, wie ich fand, stattliches Begattungsgerät, und ich zog den Frack an, den sie mir hinhielt. Er war mir leider mehrere Nummern zu groß. Ihr Doppelbett war mit einer Plastikplane abgedeckt. Am Kopfende lagen eine Flasche und eine Art dicker schwarzer Schlauch von gut einem halben Meter Länge. Sie dämpfte jetzt das Licht und warf ihre Kleider ab. Ihre Brüste waren ungeheuerlich. Ich schätzte ihr Gewicht auf eineinhalb bis zwei Kilo, pro Stück, wohlgemerkt. Als sie ihren BH in die Zimmerecke schmiß und die Brüste nach unten stürzten, tat ihr Oberkörper einen sichtbaren Ruck nach vorne. Jetzt kniete sie auf dem Bett, vornüber gebeugt, auf die Hände gestützt. »Komm her«, schrie sie unter der Achselhöhle hervor. Ich mußte mich hinter ihr einigermaßen straff gewölbtes, jedenfalls großes Gesäß knien, fand aber keine Muße, die dargebotenen ehrfurchterweckenden Körperöffnungen eingehend zu studieren. Anweisung folgte auf Anweisung. Die Flasche enthielt »feinstes jungfräuliches Olivenöl aus der Toskana«. Ich hatte das Öl überall auf der Dame zu verteilen und sehr stark einzumassieren, bis insbesondere das Gesäß sehr gequetscht und rot aussah. Alles troff von Öl, auch mein Frack war mit Öl getränkt. Dann mußte ich das Gesäß mit der flachen Hand schlagen, zunächst sanft und eher symbolisch, am Ende zunehmend heftig, wobei sich meine durch den Liegestütz trainierten Muskeln bewährten. Das Öl spritzte nach allen Richtungen weg. Sie begann zu keuchen, und schließlich reichte sie mir zwischen ihren gespreizten Beinen hindurch den mächtigen schwarzen Gummischlauch an, dessen beide Enden runde Verdickungen aufwiesen. Erst jetzt wurde mir klar, daß es sich um einen beidendig benutzbaren, unterarmdicken

Godemiché handelte, mit dem ich die Dame jetzt gehorsam penetrierte, was, des Öles halber und durch das verblüffende Fassungsvermögen des in Beschlag genommenen Organs, über das ich mich nicht näher äußern möchte, problemlos vonstatten ging. Um genau zu sein: Sie penetrierte sich selbst, indem sie so heftig vor- und zurückschaukelte, daß ich den ölglatten und recht schweren Schlauch mit beiden Händen gegenhalten mußte, wenn das Gesäß mir entgegenkam und wenn er mindestens bis zur Hälfte in jenem verschwand. Die bereits mehrfach erwähnten kolossalen Brüste der Dame gerieten dabei in eine manchmal gleichläufige, manchmal gegenläufige Resonanz. Das heißt, die eine Brust verschlug es sehr weit nach vorne, während die andere gleichzeitig und gleichweit nach hinten ausschlug. Manchmal beschrieben die beiden auch Kreisbahnen, klatschten in der Mitte zusammen oder wurden links und rechts vom Oberkörper der Dame sichtbar. Regeln und Gesetze für diese Bewegungsabläufe waren nicht zu ermitteln. Besser konnte man die Chaostheorie nicht demonstrieren. Ich beugte mich ein wenig zur Seite, um den sensationellen Anblick, von dem ich gewiß noch lange visuell-imaginativ zehren werde, besser rezipieren zu können. »Halt fest, du Drecksau!« oder ganz einfach »Drecksau«, stöhnte die Dame dabei immer häufiger, je hochfrequenter die Angelegenheit vonstatten ging. Ich fühlte mich jedoch von diesen Worten nicht persönlich beleidigt. Ein furchtbarer Hustenanfall retardierte die Prozedur noch ein wenig. Dann ging alles sehr schnell. Die Dame rannte ein paarmal extrem heftig gegen den Schlauch an, so daß ich um ihre Gesundheit fürchtete, hielt schließlich wie gepfählt inne, stieß dunkle, röchelnde Laute aus und streckte sich flach ab auf die Plastikplane. Es klatschte ölig, und das vordem einigermaßen gewölbte Gesäß verlor ähnlich dramatisch an Kontur wie Softeis, das auf die Erde fällt. Heraus wuchs der schwarze Schlauch und streckte sich gelassen zwischen ihren Beinen nach unten wie der Schwanz eines schlafenden Hundes.

Das war die Situation. Sie entwickelte sich nicht mehr zu meinen erotischen Gunsten. Mir wurde, während ich noch im Frack über dem Schlauch kniete, harsch befohlen, jetzt abzuhauen, was ich tat, sobald ich meine Hände abgewischt und meine eigene Kleidung wieder angelegt hatte. Heute, eine Woche danach, sage ich mir, daß es ja nicht immer so ausgehen muß, wenn ich eine Dame aus der Zielgruppe kennenlerne. Ich kann mir nicht vorstellen, daß Damen der Art und mit den Vorlieben, wie ich sie erlebt und bedient habe, in repräsentativer Anzahl existieren. Was die Gefahr betrifft, die Nerzjacke wiederzutreffen: Was soll schon passieren? Sie hat ebenso sehr wie ich ein Interesse daran, das Ganze geheim zu halten. Sie wird sich nicht in meine Geschäfte mischen und ich nicht in die ihren. Im übrigen, und je länger ich es mir überlege: Warum sollten wir die Geschichte nicht wiederholen?

Gesichtszerfall. Am besten entwickele ich mein Gesicht beim Reden. Ich spüre regelrecht, wie das Gespräch, zumal das angeregt geführte, eine ganze Palette von Gesichtsausdrücken hervorruft, manieriert und verwirft. Die Frauen, die mich beobachten, erhalten auf diese Weise Mimikproben, die für alle möglichen Lebenssituationen stehen, welche sie eventuell mit mir zusammen erleben könnten. Ein ganzer Spielfilm läuft vor ihnen ab, ein großes Epos mit mir als Held: Ich als Liebender, als Erzürnter, als Verträumter, als Tatkräftiger. Ja, ich gehe so weit zu behaupten, daß in der Hitze der Argumentation gelegentlich exakt der Gesichtsausdruck zum Vorschein kommt, der auch beim engagiert vorangetriebenen Geschlechtsverkehr entsteht. Ich präsentiere mich auf diese Weise als Person und potentieller Lebenspartner in toto. Das ist sozusagen die halbe Miete, wenn ich freitags oder samstags abends in der Kneipe bin, um eventuell eine Frau kennenzulernen. Es kommt hinzu, daß ein angeregtes Gespräch den Aufenthalt in der Gaststätte auf sexuell unverdächtige Weise rechtfertigt: Man ist gesellig, man möchte sich austauschen, vielleicht ist man an Politik interessiert, an Sport, an Geschäften oder, noch besser, an Kultur.

Ganz anders ist es, wenn ich alleine an der Theke stehe. Schon wenn ich die Kneipe betrete, fühle ich mich nicht mehr zur Gänze als Herr der Lage. Sehr erregt bin ich – und viel zu früh – bereits um zehn Uhr losgegangen, habe zwar vorher die Einnahme des ersten Glases Wein dadurch hinausgeschoben, daß ich massenweise Tee schluckte, aber dann habe ich den Wein um so schneller getrunken. Noch allerdings funktioniert das frisch parfümierte Freitagabendgesicht. Mit meiner Kleidung habe ich heute etwas riskiert. Ein feines helles Sakko von Zegna unterscheidet mich von den ganzen Lederjäckchen und Baumwollblousons um mich herum. Die Frauen haben einen Blick für so etwas. Am Tresen ist ein Plätzchen frei. Allerdings setze ich mich nicht, denn ich finde, man gibt eine eingesunkene, beutelförmige Gestalt ab, wenn man auf dem Barhocker sitzt. Als Mann kann man nämlich nicht nach Frauenart ein Hohlkreuz drükken und das Gesäß rausstrecken. Außerdem sähe man, wenn ich säße, meine handgenähten schwarzen Schuhe nicht. »Ein Weizenbier«, sage ich mit freundlicher Bestimmtheit zur unglaublich schönen blonden Bedienung, die ich in den vergangenen Wochen mit großzügigen Trinkgeldern angefüttert habe, übrigens nicht, weil ich mir einbilden würde, an sie ranzukommen, sondern damit sie nicht denkt »O Gott, der schon wieder«, wenn ich auftauche. Sie lächelt mich an, ich entspanne mich, lächele zurück und zeige sofort den auf bequeme Art entstandenen positiven Gesichtsausdruck vor, indem ich mich halb um meine Längsachse drehe, in den Raum schaue und eine erste Begutachtung der anwesenden Damen vornehme. Zwei erträgliche Modelle sind in Begleitung mehrerer Freundinnen, die kann man vergessen. Zwei mit- bis enddreißiger Tantenpaare mit dem notorischen notgedrungen-milden Lächeln im Gesicht. Sie tun so, als hätten sie sich unendlich viel zu erzählen und seien nur zufällig hier gelandet. Ein paar Friseusen, blöde Studentinnen, reichlich MTV-Schnecken, zwei Kampflesben mit Chemotherapiefrisur – das Übliche. Zwei wehend-ornamental gekleidete reifere Damen von selbstbewußt sich gebender fetter Häßlichkeit, wahrscheinlich Aktivistinnen in multiethnischen Solidaritätskomitees. Eine sehr sinnlich aussehende Schwarzhaarige mit wundervollen nackten Schultern ist in bubihafter Herrenbegleitung. Sie hat mich, wenn ich mich nicht täusche, bereits im Visier. Ich vollende die Körperdrehung, das Weizenbier steht vor mir auf dem Tresen, ich nehme einen großen Zug und rülpse leise, aber voller Genuß. Mein Sakko spannt leicht über der Brust. Ich habe, schon halb besoffen, noch hundert Liegestütze abgerissen. Das gibt mir Kraft und Selbstbewußtsein. Es geht mir gut, der Abend verspricht viel. Das Model hinter der Theke bückt sich zum Eisschrank hinunter und holt eine dampfende Flasche Schnaps raus. Sein Gesäß rundet sich und wächst mir entgegen. »Die von hinten!« murmele ich energisch vor mich hin. Die dieser Bemerkung zugrunde liegende Vorstellung erscheint mir plötzlich nicht allzu weit hergeholt. Das Model richtet sich auf, ich drehe mich zum zweiten Mal um meine Längsachse, die mit dem Bubi ist offenbar auf der Toilette, jetzt kommt sie zurück. Ihr Body ist absolut der Hammer. Sie trägt einen Minirock, und sie glotzt, ich bin mir sicher. Ich drehe mich ein drittes Mal, das Leuchtturmsyndrom, so nenne ich dieses Drehverhalten, ist voll eingerissen. Ich muß damit aufhören, ich muß cool wirken, sonst bin ich nicht attraktiv. Ich bestelle ein neues Glas Weizenbier, diesmal lächelt das Model nicht. Man darf niemals den Hals verdrehen, um nach einer Frau zu schauen. Das wirkt extrem unmännlich, ja geradezu pervers. Ich drehe mich also um 180 Grad zum Raum hin und lege die Ellbogen beider Arme raumgreifend und lässig auf die Griffstange des Tresens. Das heißt, es will nicht recht lässig werden, weil die Griffstange etwas zu hoch angebracht ist. Ich glaube, ich gebe ein lächerliches Bild ab. Schnell ziehe ich einen freien Barhocker heran und hänge mich mit einer Backe halb auf den Sitz. Das verleiht mir wieder etwas Souveränität. Ich greife nach hinten, hole das Glas und trinke. Die Dunkelhaarige glotzt schon wieder. Ich weiß nicht, was ich machen soll, also tue ich uninteressiert. Meint die überhaupt wirklich mich? Ich verlängere ihre Blickrichtung und prüfe, ob hinter mir ein anderer Mann, der besser aussieht als ich, vorhanden ist. Nichts zu sehen. Irgendwie ist meine Gelassenheit jetzt dahin. Die Dame beugt sich weit vor über ihr Weinglas und heuchelt Interesse an den Ausführungen ihres Partners. Ihr Rücken ist gespannt, die Silhouette ihres Oberkörpers läuft stark zur Taille hin zusammen, aus ihrem Dekolleté wölben sich die oberen Partien ihrer Brüste heraus. Die Schultern, von der Kerze auf dem Bistrotisch angeleuchtet, haben die fleckenlose Blässe von Ricard mit wenig Wasser. Ich spüre, wie sich meine im Prinzip satanische Lüsternheit durch plötzlich aufsteigende Müdigkeit hindurchbeißen muß, wie sie sozusagen abstrakt wird, nur noch gehirnlich existiert. Hätte ich vor dem Weggehen bloß noch einen Kaffee getrunken! Zur Erholung drehe ich mich wieder und schaue hinter den Tresen. Daß ich im großen Spiegel des Spirituosenbüfetts so grünlich, ja geradezu verwest aussehe, liegt an den Halogenlampen über dem Tresen. Aber die Nase glänzt wohl tatsächlich ein wenig. Rasch nehme ich den Oberkörper zurück, um aus dem Lichtkegel herauszukommen. Mit einem Tempotaschentuch wische ich die Nase ab. Ein erneuter Blick in den Büfettspiegel offenbart Tränensäcke und einen gräßlich verkrampften Gesichtsausdruck. Ich schaue nach unten und schneide Grimassen, um die Mimik aufzulockern. Jetzt drängelt sich ein fetter, schlechtgekleideter Schnauzbartträger an mich, der nicht warten will, bis die Bedienung zu ihm kommt. Fast hätten mich seine Barthaare berührt. »Zwei Bier!« brüllt er, und das Model lächelt ihn an. Es dauert fünf Minuten, bis die Biere kommen und bis bezahlt ist.

Die ganze Zeit über hänge ich angeekelt und deswegen schief auf meinem Hocker, weil ich intimeren Kontakt mit dem Schnauzbart vermeiden will. Nun ist der Kerl weg, aber mein angeekelter Gesichtausdruck scheint sozusagen nachzuhallen. Jedenfalls sieht es im Spiegel danach aus. Ich nehme mein Bier vom Tresen weg und drehe mich wieder zum Lokal hin. Jetzt weiß ich überhaupt nicht mehr, was für ein Gesicht ich gerade mache. Mit der freien Hand prüfe ich unauffällig die Richtung meiner Mundwinkel. Meine Wangen scheinen zu hängen. Ich erwische meine Stirn dabei, gerunzelt zu sein, streiche die Falten glatt und grinse, zum Boden gewandt, einen imaginären netten Menschen an. Eine Weile lang halte ich dieses Grinsen und bemerke, wie mein Gemüt sich dadurch wieder ein wenig aufrichtet. Die Schwarzhaarige mit den Ricardschultern hat sich angesprochen gefühlt und zurückgelächelt. Schnell blicke ich weg, meine Hände werden kalt, Schweiß bricht aus, und meine

Augen brennen heftig wegen der Scheiß-Raucher. Ich spüre, wie der Gesichtszerfall kaum noch aufzuhalten ist. Ich bestelle einen Grappa und hoffe, daß dieser scharfe Schnaps durch den Schreck, den er mir einjagt, einen nützlichen Adrenalinschub erzeugt. Was ist zu tun? Was muß geschehen? Mir fällt nichts ein. Vielleicht warten, bis der Bubi auf dem Klo ist? Aber wenn sie mich von nahem sieht, ist sowieso alles aus. Der Schnaps verpufft wirkungslos, ich nehme ein Fisherman's, um den Atem auf die bevorstehende Attacke hin zu veredeln. Zwei von diesen zwei Meter langen und überaus fleischigen jungen Kalbfleischmutanten sind hereingekommen. Sie stellen sich genau vor mich und bestellen über meinen Kopf hinweg Biere. Dann drehen sie sich um. Ihre Rücken sind wie eine Wand. Der eine berührt ständig mein Knie, das ich wieder über den Hocker gehängt habe, mit seinen Körperteilen. Diese Typen tun so, als wäre ich nicht vorhanden. Der breite Arsch des einen hängt fast auf der Höhe meines Kopfes. Er könnte mir ins Gesicht furzen. Meine menschliche Entwertung schreitet voran. Plötzlich wird mir auch klar, wie lächerlich mein ganzes Outfit ist, insbesondere das feine helle Sakko. Ich bin geckenhaft gekleidet. Die Leute denken bestimmt »der hat sich heute Abend etwas vorgenommen«. Schon ein paar Mal hatte ich den Eindruck, daß ein mir benachbartes Paar über mich redet und lacht. Ich drehe mich zum Spiegel und finde meine Befürchtungen noch übertroffen. Ein alternder Möchtegern-Lebemann in einem tuntenhaften Sakko wird gerade von jungen und körperlich weit überlegenen Kerlen erdrückt. Der Zerfall steht ihm ins Gesicht geschrieben. Ich bin jetzt schweißgebadet, ich verbiege meinen Hals und schaue zwischen den Mutanten hindurch nach der Schwarzhaarigen. Sie ertappt mich dabei, ich zucke zurück, ich bin erledigt. Jetzt könnte nur noch der sofortige Generalangriff mich retten, aber alles ist so sämig, meine Arme hängen, vom Liegestütz ermattet, kraftlos an den Schultern. Es ist jetzt halb eins, ich muß hier weg, ich werde in einer anderen Kneipe, wo ich heute Abend noch unbekannt bin, mit wiederhergestelltem Gesicht von vorne anfangen. Falls sie wirklich etwas von mir will, wird die Dame morgen oder in einer Woche wieder hierher kommen, und dann natürlich unbegleitet. Dann wird alles wie von selbst gehen. Heute soll es einfach nicht sein. Ich zahle, drücke mich an den beiden Mutanten vorbei und möchte unbemerkt hinaushuschen. Aber sie dreht jetzt den Hals nach mir, lächelt mich breit an, und ich versuche hastig, zurückzulächeln. Die Reste meines Gesichts gerinnen mir jedoch zu einem monströsen Halbgrinsen, so wie damals, als ich für das Einschulungsphoto auf Kommando recht freundlich blicken sollte. Dann bin ich weg.

Die Schnecke. »Wetten, daß sie heute kucken wird!« sage ich, als ich, wie üblich, einen letzten Kontrollblick in den Badezimmerspiegel werfe, mit Lesebrille, um eventuell übersehene Bartstoppeln zu entdecken. Alles funktioniert wie nach der Stoppuhr. Kaffee aufbrühen, zwei Brote schmieren, eine Vitamintablette reinwerfen, man weiß ja nie. Rasieren, Duschen. Frühstücken. Zähneputzen. Anziehen. Eventuell Verdauung abwickeln. Ins Büro gehen. Seit Jahren jeden Morgen die gleiche Prozedur.

Ich frühstücke stets vor dem Fernseher, aus Gründen der Geselligkeit. Heute beginnen die »Märkte am Morgen« später als gewohnt. Das erste Brot esse ich, während immer wieder die drei, vier Videomitschnitte vom Einschlag der beiden Boeings ins World Trade Center laufen. Die hellen Flammen vom explodierenden Kerosin, der dunkle Rauch nebenan, wo bereits das ganze Plastik brennt. Es ist wahrscheinlich, daß auch bei uns viele Terroristen sitzen und, wenn es sein muß, jahrzehntelang auf ihren Einsatz warten, sogenannte »sleeper«. Na fein! Das kann ja heiter werden! Dann kommt die gekürzte Fassung der »Märkte am Morgen«. Der Anlageberater aus Tokio wird eingespielt, der mich seit Monaten damit nervt, daß er »einen wunderschönen guten Morgen nach Deutschland« sagt. Jeden Morgen sagt er das, immer im gleichen Tonfall. Heute sagt er lediglich »einen schönen guten Morgen«. So viel Sensibilität hätte ich ihm nicht zugetraut. Die Börsen in Asien waren zum Teil geschlossen, zum Teil haben sie wieder einmal sogenannte »psychologisch wichtige Punkte« nach unten durchbrochen, heute gleich mehrere auf einmal. Auch ich durchbreche ständig neue psychologisch wichtige Punkte, ebenfalls nach unten. Aber das interessiert niemanden.

Meine Augen brennen, ich bin dermaßen müde, daß mir übel ist. Das ist fast jeden Morgen so und hat nicht viel damit zu tun, daß ich heute Nacht wegen der Geschichte in New York besonders schlecht geschlafen hätte. Ich schlafe so gut wie immer schlecht, ob mit oder ohne Terror, drehe mich nachts in grauenhafter Stimmung stundenlang um die eigene Längsachse. Heute nacht bin ich aufgestanden und habe das Bett neu bezogen. Manchmal hilft das. Man hat das Gefühl eines gewissen Neuanfangs im Leben. Die verdorbenen Säfte, die schlechten Ausdünstungen und bösen Gedanken, überhaupt das ganze Elend: All das ist in die alten Bezüge eingedrungen und wird mit ihnen zusammen beseitigt. Ich beziehe lediglich die Hälfte des Bettes. Die andere Hälfte benutze ich als Ablage für Bücher, Bierdosen und so weiter. Dieses sogenannte »Doppelbett« bestellte ich aus einem Anlaß, der sich längst erledigt hatte, als das Bett endlich geliefert und aufgebaut wurde. Die Handwerker kamen rein, bauten das Bett auf, hinterließen eine Menge Verpackungsmüll und gingen. Das war vor ungefähr sieben Jahren. Die im neuen breiten Bett geplanten Geschlechtsverkehre und dergleichen fanden nie statt. Ich bin sehr stolz darauf, daß seit diesem Tag kein Mensch mehr in meiner Wohnung war. Sieht man von mir selbst ab.

Das zweite Brot ist weg, der Kaffee ebenso, ich rülpse und schalte die Glotze ab. Zähneputzen, Hemd auswählen, Sakko, Schuhe, und dann los. Oh, oh, oh, ich glaube, mit dem Kacken wird es nichts heute morgen! Das ist das Einzige, das sich meiner Planung entzieht. Dabei wäre es besonders wichtig für das Gemüt, wenn man diesen Vorgang terminlich in den Griff bekäme. Viele demütigende Situationen blieben einem erspart. Es ist ja sowieso alles schon schwer genug für den Menschen. Na, dann nehme ich wenigstens mein Verjüngungshemd, weiß, mit sanftblauem Karo. Das hilft, auch wenn ich aussehe wie drei Tage alter Schnee in der Großstadt. Und dazu mein einziges wirklich gut geschnittenes Sakko. Nicht daß es mir irgend etwas bedeuten würde, daß diese unsympathische Schnecke heute kucken wird. Ich treffe sie seit Jahren jeden Morgen an derselben Stelle. Sie geht zur Arbeit, ich gehe zur Arbeit, ich fange um Punkt acht Uhr an, sie offensichtlich ebenfalls irgendwie pünktlich. Wir kommen uns entgegen. Ich denke: »Die schon wieder!« Sie denkt wahrscheinlich: »Der schon wieder!« Wir finden uns zum Kotzen, weil wir uns gegenseitig an die Erbärmlichkeit der Art und Weise erinnern, wie wir unsere Wartezeit auf das Krankwerden und Sterben verbringen.

Außerdem habe ich sie neulich mit ihrer Mutter gesehen, beim Einkaufen in der Innenstadt, Samstags vormittags, als ich unterwegs war, um mich abzulenken von den bleckenden Totenschädeln des Restwochenendes. Mutter und Tochter kamen mir auf der Rolltreppe im Karstadt-Sporthaus entgegen, ich fuhr hoch, sie fuhren runter. Später habe ich sie noch einmal gesehen, die beiden, in der Tennisabteilung. Ich drehte schnell ab und beschloß, mit den alten Bällen weiterzuspielen. Die Mutter war nicht etwa die Verfallsform ihrer Tochter. Das ist ja normal, damit muß man sich ja ständig beschäftigen. Man ist ja schließlich ebenfalls nichts anderes als eine Ruine von sich selbst. Nein, viel schlimmer: Sie brachte ihre Tochter zur Vollendung. All das Niedrige, Quallige, Mißgünstige, Haßerfüllte, das bei der Jungen nur zu erahnen war, blickte einem aus dem Gesicht der Alten pornographisch offen entgegen. Es hatte sich herausgeschält aus dem jungen Fleisch. Eine Art umgekehrte Verpuppung hatte stattgefunden, vom Schmetterling zur Raupe. Ich kannte diese Sorte Mittelstandsweiber aus meinem Tennisverein. Es gibt nichts Bösartigeres auf der Welt. Die kleine Schnecke wußte genau, daß sie in Gestalt ihrer Mutter ihr erotisches Todesurteil mit sich führte.

»Was für ein Quatsch du wieder redest«, fuhr mir da einer meiner inneren Gesprächspartner, ich nenne ihn »den Pessimisten«, in die Parade, »das weiß sie nie im Leben. Die ist viel zu blöde.«

Aber auf jeden Fall fühlte sie es, vielleicht wie eine leichte Blähung im Unterleib.

Ich will sie nicht verteufeln. Aber ich ärgere mich darüber, daß sie mich nicht ein einziges Mal, auch nicht, als Schneesturm war im letzten Winter, sozusagen offiziell als Mensch und Mann wahrzunehmen bereit war. Damals freuten sich alle über die Machtübernahme durch die Natur. Man war einfach nur noch ein blödes hilfloses Bündel, und die ganze Souveränität und die Willensfreiheit waren dahin. Wunderbar! Keiner konnte Auto fahren. Überall plötzlich Kumpanei unter den eigentlich tödlich verfeindeten Passanten. Dick vermummt stapfte man durch die Schneeberge. Der Sturm war so stark, man konnte sich regelrecht dagegen lehnen. Sogar Männer und Frauen gaben einander mimisch zu verstehen, sich unter Umständen daran erinnern zu können, daß man sich täglich begegnete. Nicht so die kleine Schnecke. Schmallippig Kaugummi kauend wie immer, hielt sie den Blick stur geradeaus, als wir uns trafen, beide die Haare voller Schnee. Damals verlor ich die Wette mit meinem inneren Pessimisten. Kaum hatte ich die Schnecke passiert, sagte er: »Siehst du, mein Lieber, für die bist du einfach das Letzte, auch, wenn Schneesturm ist.«

Ich schließe gerne Wetten mit mir selbst ab. Ich habe mehrere innere Ansprechpartner parat, zumeist sind es Männer, Leute, die mich ständig beschäftigen, oft auch ärgern. Einer der wichtigsten ist ein junger Typ, der seine Illusionen einfach nicht aufgeben will. Tatsächlich träumt er – und er drückt sich wörtlich so aus – von »einer Frau, die mich wirklich will. Ich meine – so ohne alles drum herum.«

Sancta Simplicitas! Ständig muß ich ihm Lebensweisheiten beibringen, aus der Fülle meiner Erfahrungen spreche ich zu ihm. Manchmal, wenn ich ein Auto sehe, das zwei Parkplätze belegt, sage ich:

»Woher weiß ich, daß hier eine Frau eingeparkt hat?«

Natürlich hat er keine Ahnung, der Bengel. Ich erkläre es ihm.

Ein anderer, der besagte Pessimist, ist älter, sehr negativ und verbittert. Er meint prinzipiell, daß sowieso alle Bestrebungen nach erfreulichen Begebenheiten, zum Beispiel nach Herbeiführung von sexuellen Interaktionen, völlig sinnlos, auf jeden Fall ästhetisch unakzeptabel sind. Manchmal triumphiere ich im tatsächlichen Leben über ihn und erzähle ihm das. Allerdings kommt das immer seltener vor, ich meine: daß ich im tatsächlichen Leben triumphiere. Am Ende werde ich noch wie er, Gott bewahre mich davor. Ja, Gott. Den habe ich ebenfalls als Gesprächspartner. Jedenfalls nenne ich ihn so, weil er irgend etwas Göttliches an sich hat. Er weiß immer alles im voraus. Ich bezweifle seine Prognosen, aber am Ende muß ich ihm zumeist recht geben. Ich verspreche, ihm beim nächsten Mal zu glauben. Er sagt zum Beispiel:

»Laß dir einfach etwas Zeit, vieles löst sich von selbst.«

»Meinst du wirklich?« sage ich.

Ich hätte gerne ein paar Gesprächspartnerinnen dieser Art, aber es wollen sich einfach keine einfinden. Ob es daran liegt, daß ich keine weiblichen Stimmen denken kann, sondern ausschließlich männliche? Ich weiß es nicht. Eine mütterliche Ansprechpartnerin wäre wunderbar. Sie könnte mich beraten in allen Dingen, die ich an Frauen nicht verstehe. Sie könnte mich trösten, mir nette Sachen sagen, mich nachts in den Schlaf singen. Aber wahrscheinlich hätte sie es ziemlich schwer mit mir. Selbst wenn ich mit Frauen spreche, die es tatsächlich in meinem Leben gegeben hat, antworten sie nicht mit ihren wirklichen Stimmen, sondern mit männlichen Leihstimmen. Manchmal fange ich deswegen an, diese

Frauen zu siezen. Solche Gespräche sind am Ende sehr unbefriedigend. Man bleibt total leer zurück.

Die Passanten heute morgen sehen aus wie immer, trotz dieser Bilder im Fernsehen. Aber wie sollten sie auch sonst aussehen? Zwei, drei Blicke treffen mich, die mich normalerweise nicht getroffen hätten. Sie verkünden Wahrnehmungsbereitschaft und das Bewußtsein von einer existentiellen Schicksalsverbundenheit. Man hat keineswegs vergessen, daß wir alle ein sehr kurzes, überdies stets gefährdetes Leben führen. Ein ätherisches Weiterleben als Gespenst oder ähnliches ist für uns Menschen äußerst unwahrscheinlich. Auch ich lege heute eine Ignorierungspause ein und wage, beziehungsweise gewähre den einen oder anderen außerordentlichen Augenkontakt, um für die Schnecke zu üben, die ich gleich treffen werde. Offen gestanden: Auch ich habe so gut wie niemals gekuckt. Es geschieht sowieso recht selten, daß ich plötzlich den dramatischen Eindruck habe, ich sei eine ansehnliche Person, die unter Umständen einen gewissen Reiz für das andere Geschlecht haben könnte. Meistens wäre ich lieber verschleiert, und ich vermeide dann eigene aktive Blicktätigkeiten, wann immer es möglich ist. Aber an den Tagen, an denen ich kuckte, und es gab immerhin einige davon, traf mich die Ignoranz der Schnecke wie ein Eimer Gülle. Ich fühlte mich zutiefst verunreinigt und mißhandelt und formulierte glanzvolle Beschimpfungen, die ich meinen Gesprächspartnern in herrischem Tonfall vortrug. In solchen Angelegenheiten dulde ich keinen Widerspruch.

Unser Aufeinandertreffen ist mit den Jahren immer unpersönlicher geworden. Es geschieht zwischen der U-Bahn-Station, aus der ich jeden Morgen wieder ans Tageslicht trete, und meinem Büro. Nach wie vor weiß ich nicht, ob sie selbst auf dem Weg zu dieser Station ist, oder ob ihr Weg daran vorbei führt. Um das herauszufinden, müßte ich einmal oben an der Station warten. Aber ich denke nicht daran, ihr diesen Gefallen zu tun.

Ich habe einen kleinen Raum in einem alten Kontorgebäude gemietet. Es geht mir um die repräsentative, ehrfurchterweckende Adresse. Unten am Eingang hängt ein glänzendes Messingschild mit meinem Namen: »Christian Wegener, Diplom-Kaufmann. Finanzberatung. Vermögensverwaltungen.« Ich bin gerne in meinem Büro, viel lieber als zu Hause. In diesen zwanzig Quadratmetern fühle ich mich ein wenig geborgen. Der Bildschirm meines Computers ist das Zentrum meines Lebens. Mehr benötige ich nicht. Ich habe ein paar Vermögensverwaltungen, einen kleinen, aber finanzstarken Stamm von Privatkunden, für die ich das spiele, was man heutzutage »Finanzberater« nennt. Ich verkaufe ihnen Anleihen, Versicherungen, Anteile von Immobilien etc. Während der Börsenhysterie bin ich nüchtern geblieben, habe zu hochverzinsten Euroanleihen von Ländern geraten, die gerne in die EU wollen, Türkei, Polen und so weiter, und deswegen zuverlässig sind und bleiben müssen. Heute, nach den katastrophalen Kursverlusten an den Weltbörsen, küssen mir meine Kunden vor Dankbarkeit die Füße und empfehlen mich überall weiter. Meine Geschäfte laufen gut, und sie werden jetzt, nach den gestrigen Ereignissen, noch besser laufen. Die Aktien der Airlines werden ins Bodenlose fallen, und dort werde ich sie kaufen. Besuche bekomme ich eher selten, das meiste erledige ich telephonisch oder über das Netz. Zwischendurch schlafe ich ein wenig, schaue mir im Internet ein paar nackte Weiber an, trinke Tee, tausche E-Mails aus mit dem Mieter des Nachbarbüros. Manchmal mailen wir zehn-, zwanzigmal hin und her pro Tag, aber wir sind wohl beide froh darüber, daß wir uns nur selten auf dem Gang begegnen. Manchmal treffe ich ihn auf dem Klo, das ist eher peinlich. Es vergehen dann Stunden, ehe wir uns wieder E-Mails schicken. Er firmiert als »Verlagsvertreter«, aber ich glaube, in Wahrheit macht er gar nichts. Vielleicht ist er ja einer von diesen »Sleepern«, von denen ich heute morgen gehört habe, und er wartet auf seinen Einsatz? Um die Mittagszeit esse ich bei meinem Italiener, laufe anschließend ein wenig durch die Innenstadt. Das ist alles.

Von meiner Wohnung aus habe ich es zirca dreihundert Meter bis zur U-Bahn. Heute bin ich trotz des üblichen Gestanks nach Desinfektionsmittel zunächst recht positiv den Menschen und Hunden im U-Bahn-Wagen gegenüber eingestellt. Ich würde mich einfach schämen, wenn zusätzlich zu den Geschehnissen in den USA auch noch mein eigener Universalverdruß auf diese Wesen herniederkommen würde. Ich sehe entfaltete Zeitungen und Zeitschriften. Alle haben sie die Twin-Towers auf dem Titel, die meisten dokumentieren, wie gerade die zweite Terrormaschine einschlägt. Die Blätter für die gebildeten Stände zeigen Fotos in Schwarz-Weiß, um sich nicht dem Verdacht auszusetzen, den Schrecken zu ästhetisieren. Die vielen Bild-Zeitungen und ähnliches machen schön in Farbe auf. Die U-Bahn fährt los, es dauert ein paar Sekunden, dann bricht beim Anblick der konkret existierenden Individuen meine hysterisch aufgeblasene Generalmenschenliebe genauso resigniert in sich zusammen wie jenes Gebäude in New York. Ich weiß, ich bin unleidlich, aber ich muß einfach diese schauderhaften Inkorporationen des weiblichen Prinzips erwähnen, denen ich jeden Morgen ausgesetzt bin. Ihre optische, lautliche und olfaktorische Präsenz beleidigt und verhöhnt aufs schamloseste das, was von meinem Begehren übrig geblieben ist. Ich muß das nicht genauer beschreiben. Jeder Mensch, der reinen Herzens ist, weiß, was ich meine. Er kann sich seine persönlichen Exemplare imaginieren, wenn er sich unbedingt quälen will. Der Phantasie sind wirklich keine Grenzen gesetzt. Sobald ich alleine bin, vergesse ich die Möglichkeit, daß so etwas überhaupt existieren kann. Das ist das Schönste am Alleinsein. Eine dieser Inkorporationen führt ein Baby im Wagen mit sich. Ich bin neben dem Wagen, und ich stehe, weil ich mich in öffentlichen Verkehrsmitteln niemals setze. Andernfalls könnte ich in Kontakt kommen mit hinterlassenen Exkrementen aller Art oder mit irgendeinem Nachbarn. Ich beuge mich vor, um zu prüfen, ob das Gesicht des Kleinkindes Spuren seiner Mutter trägt. Entsetzt fahre ich zurück. Es ist weit schlimmer, als ich befürchtet habe. Die U-Bahn stoppt. Eine der superarroganten jungen Großstadtschönheiten steigt ein, den Blick selbstberauscht in die Ferne gerichtet, wo exquisite Mehrfachpenetrationen durch massivgoldene Schwänze auf sie warten.

Eine Anzahl schlimmer, schlimmer Baumwolljackenmänner ist im Wagen. Die Gesichter sind vom Alkohol, Zigarettenrauchen und vom jahrzehntelangen Fressen von Aufschnitt über die Ufer getreten. Nach Hunden oder Katzen mit solchen Visagen würde man in Notwehr treten. Und wenn die Twin-Towers voll waren mit genau diesen Leuten? »Nein, so darf ich nicht denken, cause it leads to nowhere«, sage ich zu meinem inneren Pessimisten, teilweise auf Amerikanisch, um den Anflug des bösen Gedankens solidarisch abzubüßen. Und da bin ich auch schon am Ziel und kann endlich aussteigen. Gott meldet sich noch einmal, weil er der Meinung ist, ich sei zynisch.

»Ich bin nicht zynisch!« sage ich. »Schau, wie ich im Kino immer heule, wenn ein Leben episch und traurig vorüberzieht und beim besten Willen nicht zu stoppen ist.«

Ich fahre hinauf ans Tageslicht. Schon wieder stehen diese Paarbildungen auf den Rolltreppenstufen nebeneinander, und ich kann nicht links überholen. Überall sind sie, halten Händchen in überfüllten Durchgängen oder auf Bürgersteigen, so, als gäbe es ein verbrieftes Menschenrecht auf Händchenhalten, egal, ob man damit alle anderen, nicht händchenhaltenden Menschen aufhält. Schließlich ist man ja happy, und Happysein hat Vorrang.

»Siehst du, wohin das führt!« sage ich zu meinem jungen Naivling, »er ist superstolz darauf, daß er ein williges schickes Fickhäschen mit sich schleifen darf, und sie ist geil, weil so ein großer brutaler Schweinehund an ihrer Seite ist.«

Über meinen Kopf hinweg kriegt er vom alten Negativling ebenfalls noch eins über.

»Da muß man sich noch ein Hündchen dazu kaufen und links oder rechts vom Paar laufen lassen. Insgesamt so vier, fünf Meter breit, die ganze demonstrative Glücksanordnung.«

»Gott« versucht ziemlich tölpelhaft, alle zu beruhigen, und wieder wünsche ich mir eine vernünftige Frau als Gesprächspartnerin.

Natürlich hat es wieder begonnen zu schütten. Es schüttet seit über zwei Wochen, zu einer Jahreszeit, in der ich normalerweise an den Wochenenden zu meinem Lieblingsbadesee fahren kann. Zwölfter September: Mein geliebter Spätsommer, wo bist du geblieben? Ich öffne meinen winzigen Taschenknirps, den mein Negativling »Päderastenschirm« nennt, ich weiß nicht, warum. Zum Glück trage ich meinen regenfesten highland-grünen schottischen Mackintosh-Gummimantel über dem Sakko. Jetzt sehe ich allerdings zu meinem Entsetzen, daß ich vorhin, völlig übermüdet, und noch ehe die abschließende Entscheidung über den Mantel gefallen war, meine jagdlich grüne Popeline-Übergangshose angezogen habe. Als schließlich die Wahl auf den highland-grünen Mackintosh fiel, hatte ich offenbar vergessen, welche Hose ich trug. Die beiden Grüns sehen zusammen unmöglich aus, grotesk, pervers. Verdammt! Genau so etwas passiert eben nicht, wenn ein Frau als Gesprächspartnerin zur Verfügung steht. Ich husche in einen dunklen

Hauseingang, ziehe den Mantel aus, lege ihn über den linken Arm, an dem auch meine Aktentasche hängt, die ich wegen ihrer Seriositätsanmutung stets dabei habe. Aber immer noch ist der Mantel grün, innen und außen.

»Depp!« sagt der Pessimist.

Was soll ich bloß tun, ich muß weiter! Die Schnecke wird bereits in der Nähe sein. Ich falte den Mantel zu einem kleinen Kissen zusammen, klemme ihn zwischen Körper und Aktentasche, halte alles mit dem linken Arm fest. Mit der rechten Hand trage ich den Päderastenschirm. Kaum bin ich wieder auf dem Bürgersteig, bin ein paar Schritte gegangen, da sehe ich auch schon die Schnecke entgegenkommen. Sie trägt ihren indian-summer-roten Lederblazer, gar nicht übel sieht der aus im Regen. Schnell lächele ich noch ein paarmal ins Leere, um die Physiognomie aufzulockern. Den Schirm halte ich dabei zur Tarnung vor mein Gesicht. Und schon ist sie heran. Ich kippe den Schirm nach rechts weg, mein Gesicht ist parat, und gerade rechtzeitig erwische ich sogar wieder einen Zipfel postkatastrophale humanistische Hinwendungsinnigkeit.

Und sie kuckt tatsächlich! Sekundenlang! Und sie kuckt nicht nur, sie lächelt mich sogar ein wenig an, freundlich, während sie weiterhin Kaugummi kaut. Und dann sind wir aneinander vorbei.

»Na, was meinst du jetzt?« sage ich zum Pessimisten.

»Mann, Klasse!« sagt der kleine Naivling.

Aber nun steigt bereits der Ärger in mir hoch. Was die sich einbildet! Wird hier im Windschatten der weltpolitischen Situation übergriffig! Die glaubt doch nicht etwa im Ernst, bei mir landen zu können, die Schnecke. Es wird Zeit, sie in ihre Schranken zu weisen, sie und ihre Mutter. »Maybe you're just like your mother«, singen wir alle im Chor, in leichter Abwandlung eines Stückes von Prince. Sogar »Gott« singt mit.

Und dann bin ich endlich in meinem Büro, schalte den Computer ein, schüttele den Regenschirm aus und versinke in meinem Stuhl. Sollen sie mich doch alle in Ruhe lassen!

Zwei.

Leisure-Suit. Meine beiden Kleiderschränke sind vollgestopft mit Textilien, die zu angenehmen, von Sonnenschein und Lust erfüllten Lebensumständen passen. Etwa fünfundfünfzig Hemden liegen in vier getrennten Stapeln gefaltet aufeinander. Oben jeweils zwei bis drei sogenannte Business- oder Cityhemden – ich nenne sie auch »Politikerhemden«: weiß, blaßblau oder -grau, uni, allenfalls fein gestreift, steife Kragen. Sie werden ständig benutzt, gewaschen, gebügelt, gefaltet, oben drauf gelegt. Je tiefer im Stapel, desto bunter die Hemden. Ganz unten liegen wunderschöne buntkarierte Hemden beispielsweise für die Dünenstrände der Westalgarve, an denen ich im Einklang mit der Natur und braungebrannt spazieren gehe. Der Himmel ist blau, der Sand warmgelb. Es sind sogenannte Freizeithemden, edle und teure italienische Kreationen. Einige habe ich mich tatsächlich vor Jahren ein-, zweimal zu tragen gezwungen. Sie sind vom Gewicht der über ihnen liegenden Hemden ganz zerdrückt und faltig geworden. Gelegentlich ordne ich die Stapel neu und entdecke dabei prachtvolle Kleidungsstücke, deren Existenz mir entfallen war: ein scharlachrotes Hemd aus feinstem Leinen, das stahlblaue Seidenhemd, das ich mir in Malaysia habe schneidern lassen, oder dieses aus Fäden verschiedener Stärken und Farben gewebte Hemd von Lorenzini, für das ich mich Anfang der achtziger Jahre beinahe ruiniert habe. Damals war ich arbeitslos und hatte keine Frau. Das Hemd sollte mir zu einer Frau verhelfen, ihre Existenz in meinem

Leben zu einer derart mannskräftigen Ausstrahlung, daß auch ein Job sich einstellen würde. Alles war gut durchkalkuliert. Ich lege es oben auf den Stapel und werde mir die Zeit nehmen, die aufwendige Kombinationsarbeit mit Hose, Schuhen und Sakko zu erledigen, was, wie ich weiß, niemals morgens in der Eile, sondern allenfalls am Vorabend eines Arbeitstages gelingen kann, und zwar ausdrücklich vor dem ersten Glas Wein. Ich schlafe später sehr beruhigt ein. Die zueinander geordneten Kleidungsstücke liegen auf dem kleinen Tisch am Fußende des Bettes. Ordnung ist hergestellt, nichts kann schief gehen am nächsten Morgen.

Ach, wenn es nur die Hemden wären! Es dauerte Jahre, bis ich merkte, daß die Designer-Sakkos, die ich sehr günstig ›herabgesetzt‹ gekauft habe, nur jungen schönen Schwarzafrikanern stehen. »Sie sind schlank, Sie können ja alles tragen«, sagten die Kolleginnen unaufgefordert zu mir, wenn ich mit einem dieser Sakkos auftrat. Da ich tatsächlich schlank war (und übrigens noch immer bin), faßte ich diese Bemerkung als Kompliment auf. Ich besitze zwischen fünfzehn und zwanzig dieser Sakkos, die, für sich betrachtet, wirklich schön sind. Ich könnte sie einrahmen und an die Wand hängen. Manchmal packe ich welche in einen der Koffer, in denen ich solche Kleidung zu parken pflege, die ich weder tragen noch in den Altkleider-Container geben möchte. Zum Beispiel die zwanzig Jahre alten ungetragenen handgestrickten Pullover meiner Tante Rosa mit irgendwie alpinen Mustern. Tante Rosa starb im vorigen Jahr. Ich kann mich nicht trennen von Dingen, in denen Zuneigung für mich steckt. Wenn ich irgendwann solch einen Koffer öffne, blicken mich die vergessenen Textilien an, und sogleich steht ihr Anspruch auf Getragenwerden wieder machtvoll im Raum. Wie groß ist hingegen die finale Erleichterung, wenn es mir tatsächlich gelingt, ein curryfarbenes oder heftig kariertes Sakko von feinster Tuchqualität in den Container zu bringen! Ist solch ein Entschluß gereift, heißt es sofort handeln: Ab in die Tüte, hinaus zum Container, hinein damit, ehe ich es mir wieder anders überlege. Jedesmal ist das wie ein Neuanfang im Leben, eine hinzugewonnene Reinheit der Existenz, könnte man sagen.

Der moderne Mensch verbindet seine Kleidungsbegierden bekanntlich mit tief reichenden Träumen. Daß ich den ganzen Tag an meinem Schreibtisch sitze, der verlorenen und vertanen Lebenszeit nachtrauere und Politikerhemden tragen muß, das interessiert diese Begierde nicht. Deswegen besitze ich so wenige Politikerhemden. Eigentlich will ich ja gar nicht in Situationen sein, in denen man Politikerhemden trägt. Als Zugabe zu dem meerblau-sandfarben blockgestreiften Rugby-Hemd bekomme ich den schiefen Stuhl bei Manuel am Zollweg von Carrapateira am portugiesischen Atlantik. Eigentlich, und über die ganze lebensphilosophische Tragik dieses Wortes »eigentlich« gehört schon lange ein dickes Werk verfaßt, eigentlich bin ich ja im Süden, eigentlich liege ich wie Gottfried Benn und Konstantin Auf-den-Wecker immer am Strand, unter dem Blütenfall der Meere. Alle paar Jahre bin ich tatsächlich dort, meist allein und mehr oder weniger deprimiert. Aber in meiner Wunschmaschine donnert stets der Ozean in die Bucht, in der die Fischerboote liegen. Ich nehme Platz auf dem schiefen Stuhl. Der Sohn von Manuel legt eine weiße Papiertischdecke auf die schmutzige Tischplatte und befestigt sie mit Klammern. Die Sonne sinkt, der Fischreiher fliegt nach Norden, Manuel hat den Holzkohlengrill angeheizt und die beiden Robalhos für mich und meine selbstverständlich schöne Freundin abgeschuppt. Wir sind schon ziemlich angetrunken, aber das macht ja nix. Der dreibeinige Hund mit dem entzündeten Auge liefert die notwendige Dosis Endlichkeit und Vergehen, ohne die keine Romantik komplett wäre. Es wird kühl, besser wäre jetzt das dicke zitronengelbe Sweat-Shirt von »Stone-Island«. Aber der Koffer ist klein, und ich mußte mich unter den überwältigenden Angeboten meiner Freizeit-Garderobe entscheiden.

Wie sie schon klingen, diese Labels! Wie ich beim Kauf sozusagen automatisch aufs Meer hinausfahre, wie die Sehnsucht mich ruft, und wie sie sich erfüllt! Die Steininsel, ja überhaupt die Insel! Der funkelnde Quell, der sonnige Strand, die fischreiche Brandung, die fruchtvollen Wälder, das wolkenumspielte Gebürg! Wo ich immer das große Vergehen unter mir fühle. Und die Baumwolle ist Sea-Island-Baumwolle, von den kleinen Inseln vor der amerikanischen Ostküste, auf denen die weichste Baumwolle der Welt wächst. Oder wie man segelt, wie die Gischt spritzt, wenn man die Jacke von »North Sails« trägt. Trägt man diejenige von »North Face«, ist als Zugabe die kultische Klarheit des Hochgebirges zugegen, wo man ebenfalls eigentlich fast ständig ist, um von den eisigen Quellen auf das Gewürm der Ebene hinabzuschmähen. Gerne bringe ich sportive Baumwollkleidung aus Urlaubsorten mit, wo sie mich hervorragend kleidete und erfolgreich die Wunschlebensläufe herbeizauberte, die parallel zu meinem tatsächlichen Leben unsichtbar existieren. Zu Hause schaue ich dann fassungslos auf das Poloshirt mit der Matterhorn-Stickerei auf der Brust, das ich gerade in Zermatt für viel Geld gekauft habe. Bedrückt lege ich es in den Schrank zur übrigen Sports-Wear, wohl wissend, daß es zehn Jahre dauern wird, bis der Entschluß zum Aussortieren gereift sein wird. Ich sollte wirklich niemals wieder Kleidung an Urlaubsorten kaufen. Ich bin eben kein Bergsteiger, kein Cowboy in Montana, und Holzfäller in British Columbia bin ich ebensowenig. Ich segele da auch leider nicht herum, sondern ich stehe blaß, müde und den ganzen vertanen Chancen nachtrauernd, in meinem feinen nachtblauen Mäntelchen morgens in der Hamburger S-Bahn und ärgere mich über die pickeligen Hip-Hop-Idioten, die ihre dreckigen Schuhe auf die Sitze legen.

Dennoch habe ich mir neulich vom Weihnachtsgeld die Bomberjacke »B 3« der US-Air-Force von Schott gekauft, die besser ist als diejenige von Avirex. Die »B 3«, das ist der braune Lederblouson mit dem dicken gewachsenen weißen Lammfell auf der Innenseite, in dem man aussieht wie das Michelin-Männchen und den in den Hollywood-Filmen die gutaussehenden amerikanischen Piloten tragen, ehe sie schicksalsschwer, aber von heroischem Pessimismus getragen, von England aus zum Bombenflug auf Deutschland abheben. Unten am Rollfeld steht die blonde Geliebte, im hellen, stark taillierten Spencer und langen schwarzen Rock, der vom Wind gegen die schönen Beine gedrückt wird. Sie weint bitterlich und verzweifelt. Schon seit ungefähr zwanzig Jahren wünschte ich mir die »B 3« der US-Air-Force. Im vergangenen Winter habe ich wochenlang den langsamen Preisverfall der Jacke verfolgt. Um nicht allzu sehr aufzufallen, wenn ich wieder und wieder den aktuellen Stand der Preisermäßigung kontrollierte, betrat ich den Laden manchmal mit Hut, manchmal ohne Hut, einmal mit Mütze, ein andermal mit schmaler Techno-Deppen-Sonnenbrille. Es waren Wochen voller Unrast und Gedankenleere. Wenn mir gar nichts mehr einfiel, kaufte ich ein Paar Socken. Schließlich aber kam der Moment der Entscheidung heran. An jenem Tag trug ich Mütze und Sonnenbrille. Fünfzig Prozent Preisnachlaß! Ich schlug zu. Moralische Bedenken wegen des ursprünglichen Einsatzfeldes der Jacke hatte ich nicht, denn als guter Deutscher weiß ich, daß die erwähnten Bombenflüge letztlich auf das Schuldkonto der Nazis gingen. Politisch unbedenklich ist die Jacke mithin allemal. Allerdings sagte der Verkäufer, er frage sich, wann man solch eine Jacke denn trage. »Wie kommen Sie auf die Idee, daß ich sie tragen will?« sagte ich. Um sie in den Schrank legen zu können, wo ihr Anblick mich seither täglich erfreut (wenn sie auch, ehrlich gesagt, ein wenig nach Schaf riecht), mußte ich allerdings zwei Sakkos, die nur schönen jungen Schwarzafrikanern stehen, sowie einen braun-beige karierten Blouson (sechzig Prozent Kaschmir), den nur hagere alte verwitterte und bekanntlich brandgefährliche Kaukasier tragen können, in den Container geben, um Platz zu schaffen.

Ich komme zur Hose. Die Hose beinhaltet keine verborgenen Lebensträume. Woran das liegt? Vielleicht, weil die Genitalien in ihr stecken? Die haben ja stets etwas ausgesprochen Profanes. Oder weil sie weit weg von Gesicht und Gehirn ist, angeblich dem Sitz der Gedanken und Wünsche? Man weiß es nicht. Auffällig ist jedenfalls, daß der Mensch, insbesondere das ältere Exemplar, oft die allergrößte Aufmerksamkeit auf die kopfnahen Bereiche der Kleidung legt, während er von der Körpermitte abwärts merklich verlottert. Es mag das alles aber auch an der besonderen Problematik der Hose und des Hosenkaufes liegen. Das ist ein ganz unerhört schwieriger Bereich des Lebens. Man wundert sich, wie wenig darüber geschrieben wird. Auch ich habe mein Verhältnis zur Hose nicht vollkommen klären können. Das hat die verständliche Konsequenz, daß ich sehr viele Hosen besitze, ja daß ich geradezu überschwemmt von ihnen bin. Ständig kommen neue hinzu, neue Hosen und neue Hoffnungen, endlich das optimale Exemplar gefunden zu haben. Wie gesagt, optimal nicht im Hinblick auf eine mit der Kleidung verknüpfte Paradiesvorstellung. Nein, die Hose soll ganz einfach entweder eine gute körperliche oder eine gute soziale Figur machen. Abgesehen von wenigen, besonders edlen Exemplaren, die auf Hosenbügeln im Schrank hängen und für die sich kaum adäquate Traggelegenheiten ergeben, habe ich die Hosen aus den Kleiderschränken ausgelagert. Etwa ein Dutzend, für das ich nur noch allergeringste Tragerwartungen hege, liegt in einem Koffer auf dem Dachboden, die anderen in zwei eigens angeschafften kleinen Kommoden mit je drei Schubladen. Ich hoffe, ich vergesse den Koffer irgendwann beim Umzug, oder ich tue so, als würde ich ihn vergessen. Im Laufe der Jahre habe ich durch empirische Untersuchungen einen Hosen-Trefferkoeffizienten von maximal eins zu drei ermittelt, das heißt, von drei gekauften Hosen erweist sich nur eine einzige als gute Hose, die beiden anderen sitzen nicht, haben Unfarben, sehen spießig aus, sind zu kurz, machen Spindelbeine, formen meine O-Beine ab, holen figürlich nicht das Maximale raus. Oder sie sind irgendwie komisch. Das liegt vor allem an der besonderen Problematik des Hosen-Anprobierens in diesen kleinen Kabinen mit den schlechten Spiegeln und dem hellen Licht. In ihnen lauert eine ganz eigene, merkwürdige Demütigung und menschliche Entwertung. Oft ist nur der mittlere Teil des Körpers durch Western-Saloon-Schwingtüren verdeckt. Die Zuschauer draußen sehen oben den vom Leben mißhandelten Kopf und unten die nackten haarigen Beine. Nackt, haarig und mit Socken dran, die, streng genommen, nur nagelneu ein einigermaßen gutes Bild abgeben. Nie sonst ist man so häßlich wie beim Hosen-Anprobieren. Oft kommt es deshalb zum besinnungslosen Erlösungs- oder Befreiungskauf einer grauenhaften Hose. Man zahlt gerne viel Geld, bloß, um abhauen zu können. Hinzu kommt das stete Hin-und-her-Geworfensein zwischen der Arschzeigehose und der kleidsamen, dezenten, weich fallenden Tuch- oder Edelbaumwollhose. Ich beschreibe die beiden Kategorien gemäß der Hegelschen Ästhetik: zum einen als Hosen, die gar nicht erst versuchen, die Gestalt des Körpers nachzuahmen, und statt dessen auf ihre eigene Ästhetik setzen, zum anderen als Hosen, die ihre eigene Ästhetik hintanstellen und statt dessen getreulich den mehr oder weniger gelungenen Verlauf des Körpers nachzeichnen. Wie auch immer: Zwischenformen sind unerträglich, also Tuchhosen, die auf Figur machen, oder Arschzeigehosen, die nicht sitzen. Es bleibt die in geradezu tragischer Weise vergebliche Suche nach den je idealen Exemplaren beider Kategorien. Ein einziges Kompliment von einer attraktiven Frau, die anthrazitfarbene Tuchhose kleide mich hervorragend, vielleicht verbunden mit der Bemerkung, Frauen schauten eher auf den Geschmack des Mannes als auf seinen Körper, leitet eine Epoche der Tuchhosen ein, von denen es überall noch viel bessere gibt als diejenigen, die ich bereits habe. Verhängnisvoller noch sind die Epochen der Arschzeigehosen, die den Fragen folgen, warum man sich denn so spießig kleide, das habe man doch überhaupt nicht nötig. Die ideale Bluejeans, sofern sie überhaupt existiert, habe ich nämlich noch nicht gefunden, wie ich immer wieder enttäuscht feststellen muß. Deswegen besitze ich einen hohen Stapel Waldwanderbluejeans, Autobastel- und Wohnungsrenovierungsbluejeans, Fahrradfahrbluejeans, Faulzuhauserumhängbluejeans usw.

Über die diversen Zwischenformen und Kleidungsbastarde wie zum Beispiel das Polo-Shirt oder die »Jacke« möchte ich nicht viele Worte verlieren. Fast alle meine Jacken habe ich inzwischen an junge Damen verschenken können, und sie stehen ihnen hervorragend. Polo-Shirts und anspruchsvolle T-Shirts, die ich, ehrlich gesagt, deswegen einen Sommer lang in beträchtlicher Zahl einkaufte, weil Don Johnson in »Miami Vice« immer so gut in T-Shirt und Sakko aussah, liegen in sechs Stapeln (drei oben, drei unten) in einer sogenannten T-Shirt-Kommode im Flur meiner Wohnung. Ich schaue so selten in diese Kommode, daß ich glücklicherweise nur wenig unter der Existenz ihres Inhalts leide.

Noch weniger bedrängt mich mein Schuhwerk, nicht, weil ich es vor mir selbst verborgen hätte, sondern weil man bei Schuhen ab einem bestimmten Preis nicht mehr allzu viel falsch machen kann, zumindest dann, wenn man sich konsequent jeder »Schuhmode« verweigert. Zudem wurde mir die Philosophie des Schuhes schon vor langer Zeit bewußt, als ich von einer soziologischen Untersuchung las, nach der die Frauen beim Mann vor allem auf die Schuhe schauen und ihn danach sozial, sexuell und genetisch bewerten. Ich dachte lange hierüber nach: Die Schnittstelle zwischen kulturgeformtem Menschsein und ungeformter Außenwelt ist der Schuh. An der Sohle des Schuhes entscheidet sich die Schärfe des Kontrastes zwischen beiden Sphären. Je schmutziger der Boden ist, um so schärfer hat der Kontrast zu sein, den der Schuh aufspannt und dessen Bogen sodann den gesamten jeweiligen Menschen mitsamt seiner übrigen Kleidung trägt und fern hält vom Rest der Welt. In der freien Natur genügt ein schwacher Kontrast, ein leichter, sportiver, zweckmäßiger Schuh ist erlaubt, ja angemessen. Auf die exkrementalen Straßen der permissiven Großstadt hingegen hat der besonders edle Schuh zu treten. Das herrische Knarzen einer dicken Ledersohle sockelt das männliche Individuum und entrückt es in eine ästhetisch autonome auratische Ferne. Ich will allerdings nicht verhehlen, daß diese Aura beim allzu direkten

Kontakt mit Hundekot, Kaugummi und menschlichem Sputum um so gründlicher kollabiert, je edler der Schuh ist. Im Geiste dieser Philosophie habe ich jüngst die letzten drei Paare Kompromißschuhe in den Container gesteckt. Wenn ich an dieser Stelle die Zahl von verbleibenden achtundzwanzig Paar nenne, so heißt das allerdings nicht, daß es nicht quälende Fehlentwicklungen und Lücken gäbe, die ich immer wieder zu füllen suche: Eine Fehlentwicklung ist zum Beispiel die Dominanz des braunen gegenüber dem schwarzen Schuh, was daher rührt, daß häufiger braune Schuhe herabgesetzt werden als schwarze.

So strebt man und strebt. Kaum hat man die nächsthöhere Qualitätsstufe erreicht, so erblickt man die übernächste. Am Ende soll die Erlösung stehen, die perfekte Kleidung, in der man sich endlich mit sich selbst abgefunden haben wird. Dann kann es losgehen. Es ist jetzt fünf Uhr in der Früh, und ich weiß, daß, wenn überhaupt irgend etwas, allenfalls mein feinstes Tuch das lauernde Unwertgefühl in Schach halten kann. In Gedanken wähle ich hochpreisige Schonkleidung aus, ein sanftblaues Hemd mit breitem und großem Kragen, der die Betrachter vom präzisen Gesichtsstudium ablenken wird. Mittelblaue Krawatte, dunkelblaues Sakko. Sportliche rehbraune Cordhose, die dunkelbraunen Derby-Flügelklappenschuhe. Für die männliche Anmutung: Die große Hanhart-Fliegeruhr! Sie wird mich schützen.

Besser, ich stehe auf und lege alles parat! Die Schuhe könnte ich schon mal eincremen, das Sakko bürsten. Ich öffne den linken Flügel des Kleiderschrankes. Unten liegt gestaucht die voluminöse Bomberjacke B 3. Darüber sind die Sakkos, eng an eng. Alle meine Selbstverbesserungsversuche, da hängt ihr! Wo sind die Frauen, die ihr bringen solltet? Ich friere, wuchte die Bomberjacke B 3 aus dem Schrank. Über der Jogginghose getragen, wärmt sie mich gut. Gegen sechs Uhr lege ich mich wieder ins Bett. In Zukunft werde ich mich häufiger im Pelz eingeschlagen zur Ruhe begeben. So hat doch noch alles seinen Sinn gehabt. Jedenfalls hin und wieder.

Die Frikadelle. Das Klärchen war meine Mutter. Eigentlich hieß sie Klara Maria, aber alle nannten sie »das Klärchen«. Es hatte sich aus Eppelborn im Saarland nach Bad Kreuznach an der Nahe wegheiraten lassen. Das ganze Dorf, die Eltern und alle seine zehn Geschwister waren gegen diese Heirat gewesen, galt es doch in Eppelborn bereits als problematisch, »nach Hierscht zu heiraten«. »Hierscht«, Hierscheid, war das Dorf, das Eppelborn am nächsten lag. Saarbrücken war eine Stadt, in die man vier- fünfmal im Leben kam. Doch das Klärchen war dafür bekannt, eine »Zigeunerin« zu sein. Seine Mutter war eine »Spaniol«, und die waren in der Tat weit gereist in den vergangenen Jahrhunderten. Sein Vater war Hauer im Kohlenbergwerk von Neunkirchen und ein »Bettscheider«. Die Bettscheiders waren aus dem verarmten Südtirol gekommen, um im Saarland in den »Gruben« zu arbeiten. Das Klärchen ging im Krieg als Köchin nach Neuruppin in Brandenburg. Nach dem Krieg fuhr es mit dem Fahrrad und kalten Pellkartoffeln als Proviant nach Oberwesel am Mittelrhein, kochte dort »bei den Nonnen« im Kloster, danach in Bad Kreuznach im schönen Gründerzeit-Zentralhotel, das schon vor vielen Jahren durch einen monströsen Betonbau ersetzt wurde, in dem sich McDonald's befindet.

Gegenüber vom Zentralhotel arbeitete mein Vater als Bäcker. Er war ein schöner Mann, sieben Jahre lang in Krieg und Gefangenschaft gewesen, die meiste Zeit in

Italien, weshalb er am liebsten Nudeln aß. Frikadellen aß er von früher her gern. Das Klärchen konnte sehr gut Nudelgerichte machen und Frikadellen braten. Eines Tages lernte es den Bäcker kennen, und fortan kochte es als Ehefrau für ihn. Es ist nicht besonders glücklich gewesen, das Klärchen, und recht jung gestorben.

Immer, wenn ich als Student nach Bad Kreuznach zu den Eltern fuhr, fragte mich das Klärchen schon Tage vorher, was ich denn essen wolle, Kartoffelpfannkuchen oder Frikadellen. Das waren meine Lieblingsgerichte, vielleicht auch deswegen, weil das Klärchen eine unerreichte Meisterschaft entwickelt hatte in Frikadellen und Kartoffelpfannkuchen. Ich hatte den Fehler des Klärchens wiederholt und war zu seiner Verzweiflung weit weg gegangen, nach Norddeutschland, nach Bremen. »Was willst du bloß da oben?« jammerte es, »da ist es flach und kalt, da bist du doch nicht zu Hause.« Meistens bestellte ich für den ersten Tag Frikadellen mit Wirsinggemüse und Salzkartoffeln, für den zweiten Tag Kartoffelpfannkuchen, zehn bis zwölf Stück mindestens. Damals war das etwas Normales für mich, und wenn ich mich der Heimatstadt näherte, war ich ein bißchen aufgeregt, mehr nicht. Heute ist alles anders.

Vor zwei Jahren fuhr ich wieder einmal über Mainz und Bingen nach Bad Kreuznach. Ich wollte das Auto vor meinem Elternhaus parken und ein wenig hinschauen. Das hatte ich schon ein paarmal gemacht. Vor allem wollte ich den Kirschbaum sehen, den ich als Fünfjähriger pflanzen durfte und den ich seither fast als mein Kind betrachtete.

Inzwischen wohnten fremde Leute in dem Haus. Im Frühsommer wurden die Kirschen wahrscheinlich achtlos am Baum gelassen, wo sie verfaulten. Niemand wartete mit Frikadellen auf mich.

Dieses Mal nahm ich die Landstraße durch Münster-Sarmsheim, Laubenheim, Langenlonsheim, Bretzenheim. In Laubenheim veredelte ich als Jugendlicher im Akkord Setzlinge für Rebstöcke. Insgesamt waren es über die Jahre etwa 120 000 Stück. Am besten schnitten sich die festen rötlichen Edelreiser vom Ruländer, auch Grauburgunder oder Pinot Grigio genannt. Riesling und Sylvaner waren ebenfalls in Ordnung, Müller-Thurgau dagegen war weich und splittrig. »Riesling is fine«, dichtete ich damals, »Sylvaner is devine, but Ruländer is numero uno.«

Das Autoradio lief, zwischen Bretzenheim und Kreuznach, auf der Höhe des ehemaligen riesigen Kriegsgefangenenlagers der Amerikaner, erwischte mich Bruce Springsteen mit »My hometown«. Es war um meine Fassung geschehen, und ich mußte auf den Randstreifen fahren, um mich wieder einzukriegen. Von dieser Stelle aus kann man sehr gut sehen, wie sich nördlich und südlich von Kreuznach Höhenzüge formieren, die nach Westen hin gleichsam – aber nur, wenn man so will – vaginal zum Eingang des eigentlichen Nahetals zusammenlaufen, ein Canyon, wegen der dort stehenden Salzsalinen »Salinental« genannt, an dessen Ausgang sich der nadelspitze Rheingrafenstein und die spektakuläre Steilwand des Rotenfels gegenüber stehen. »Son, take a good look around, this is your hometown, yououour hometown«, krähte ich verzweifelt, und die Tränen liefen mir die Wangen hinunter.

Ach, unsere Seelen bleiben ein Leben lang Kinder, auch wenn wir uns die Frikadellen schon lange selbst machen müssen. Vielleicht ist das ja ein Beweis dafür, daß sie nicht sterben, die Seelen, meine ich. Schön wär's. Mit neunzehn ging ich von Kreuznach weg. Ich war sehr langhaarig, sehr depressiv, sehr revolutionär und mehr oder weniger drogensüchtig. Ich hauste in einer maoistischen Sperrmüllwohngemeinschaft. Grüner Schimmel wuchs auf den seit Wochen ungespülten Tellern. In meinem Zimmer hatte ich eine kleine Bratpfanne sichergestellt. Wenn ich Hunger hatte, ging ich »zum Albrecht« (damals hieß Aldi noch »Albrecht«) gegenüber, kaufte zwölf Hühnereier, Toastbrot und ein paar Dosen billiges Bier, machte sechs bis acht Spiegeleier in der Privatpfanne, aß dazu ungetoastetes Toastbrot und trank ein paar Dosen Bier. »In einem Ei ist alles drin«, sagte ich gelegentlich mit glasigen Augen zu einem Wohngemeinschaftsmitglied, »was anderes braucht man gar nicht. Das sieht man daran, daß ein neues Huhn mit allem drum und dran draus wird. Federn, Beine, Augen, Gehirn, die Hühnergedanken – alles ist im Ei schon drin, sogar die Scheiße.« Anschließend rülpste ich zufrieden, wusch die Pfanne in der Badewanne – die Küchenspüle war unbenutzbar – und stellte sie in mein Zimmer zurück. Bald war mein Magen kaputt, und ich stank so furchtbar, daß ich mich vor mir selbst ekelte.

Eines Tages im Leben, ich hatte inzwischen eine eigene Wohnung, war kurzhaarig, depressiv und mehr oder weniger drogensüchtig, rief ich das Klärchen an und fragte, wie man Frikadellen mit Wirsing macht. Vielleicht ahnte ich damals, daß es das Klärchen nicht mehr lange geben würde. Ich machte meine ersten ernsthaften Kochversuche, das Klärchen gab mir in der Folgezeit regelmäßig Rezepte durch, beriet mich auch während des Kochens zu aktuellen Problemen und fragte jedesmal, wann ich denn endlich mal wieder nach Hause kommen würde. »Ich würd' dir auch Frikadellen oder Kartoffelpfannkuchen oder beides machen, wenn du kämst«, sagte es sehr traurig.

»Wenn du kümest«, verbesserte ich. Meine Rebellion gegen die tradierten Konjunktivformen war das letzte Feld, auf dem mein ehedem fundamentalkulturkritischer Impetus noch wirkte. Dem Klärchen war vollkommen klar, daß meine durch seine Hilfe neu erworbenen Kochkünste meine Besuche noch seltener machen würden. Allerdings rief ich dafür häufiger an, weil ich immer wieder vergaß, wie dieser oder jener Kochvorgang zu bewerkstelligen war. Mein Gedächtnis ist immer schon schwach gewesen, sieht man von allem ab, was irgendwie mit Frauen zu tun hat. In diesen Fällen merke ich mir sogar Namen. Ich trainiere das auf einsamen Spaziergängen, indem ich immer mit der jeweils sozusagen akuten Dame spreche, und zwar in einer mir an sich fremden, gestelzten Sprache, die gerade wegen ihrer Fremdheit das Einüben der Namen erleichtert: »Nein, Natascha, ich bin nicht ganz mit deiner letzten Bemerkung einverstanden«, sage ich zu einer Erle am Moorgraben, und zum Pferd, das neugierig zu mir an den Weidezaun kommt: »Natascha, ich habe mir den ganzen Tag vorgestellt, wie wir ein wenig kuscheln!« Irgendwann sitzt dann der Name, nicht nur in Alltagssituationen, sondern auch im Zustand gesteigerter Erregung und Verwirrnis.

Am schlimmsten war die Sauce Hollandaise. Jedesmal mußte ich das Klärchen anrufen, wenn sie allfällig wurde, besonders oft im Frühjahr, wenn ich mich vorherrschend von Spargel ernährte. Ich habe deswegen, um ehrlich zu sein – und ich weiß, daß dieses Bekenntnis heutzutage noch schlimmer ist als das Bekenntnis, weiße Socken zu tragen oder RTL 2 zu schauen – ich habe deswegen heute, wo es das Klärchen schon lange nicht mehr gibt, einen Rücksturz zu einer leichten Mehlschwitze erlitten, allerdings ebenfalls nach einer historischen Maßgabe des Klärchens, und ich sage frei und offen: Das kann köstlich sein! Den Spargel esse ich nur noch mit geschmolzener Butter, und den Wirsing brate ich in der Pfanne, aber dazu später mehr.

Die Frikadelle habe ich zunächst streng nach Klärchen zubereitet, in den letzten Jahren allerdings wurde dann und wann ein wenig experimentiert. Gelungene Frikadellen schlagen fast alles, ob warm oder kalt. Machen Sie deswegen immer ein paar mehr, reden Sie sich ein: »Ich kann sie ja die Woche über kalt essen.« In Wahrheit werden Sie noch in der gleichen Nacht aufstehen und an den Kühlschrank schleichen, um eine halbe Frikadelle zu essen, sagen wir: anderthalb Frikadellen. Bringen Sie

Ihrer Bettgenossin oder Ihrem Bettgenossen die restliche halbe Frikadelle mit. Vielleicht sagt sie oder er viel zu häufig »nein«, aber in diesem Moment werden sie »ja« sagen und sogar grunzen. Pro Person rechne ich mit einem halben Pfund gemischtem Gehackten. Das bedeutet, halb Schwein und halb Rind, letzteres vom Biometzger oder aus Argentinien stammend. Oder man ersetzt das Rindergehackte durch Lammgehacktes. Schmeckt ebenfalls wunderbar! Bei mir gibt ein halbes Pfund Gehacktes zwei schöne brüsteförmige Frikadellen. Ich mag sie dick, rund, saftig und federnd, wenn man mit dem Finger draufdrückt, und lege mir immer zwei Stück nebeneinander auf den Teller. Wenn ich für mich allein koche, mache ich dennoch vier Frikadellen. Ich kann die restlichen ja die Woche über kalt essen. Vier dicke Frikadellen gehen in eine 28er Pfanne. Nehmen Sie eine gußeiserne, Sie werden nämlich während des Bratvorganges den karamelisierten und eingebrannten Fleischsaft mit einem Löffel aus der Pfanne kratzen. Eine beschichtete Pfanne geht davon kaputt.

Verpacken Sie den Wasserhahn, den Behälter mit der flüssigen Seife, den Griff der Kühlschranktür und Ihr Funktelephon in Plastikfolie. Das Gehackte in eine Schüssel geben, pro Pfund ein Ei dazu (können auch zwei sein), eine Handvoll feingeschnittene Petersilie, viel gemörserter schwarzer Pfeffer, Salz. Nehmen Sie eine Knolle Knoblauch, gehen Sie in Ihr Bad und werfen Sie die Knolle an die Fliesenwand. Wenn sie zurückspringt, so daß Sie sie auffangen können, ist sie gut. Ansonsten den Knoblauch-Expreßservice anrufen und eine frische

Knolle bringen lassen! Ein, zwei Zehen pro Pfund Gehacktem in die Schüssel drücken. Zwei, drei kleine Zwiebeln pro Pfund in feine Würfel schneiden und ganz kurz in Butter glasig dünsten. Mitsamt der Butter ins Gehackte, und noch eine Handvoll in Butter geröstete Pinienkerne dazu!

Es wird immer behauptet, die Brötchen, die wir jetzt einweichen, müßten trocken sein. Daß das Unsinn ist, hat mir schon das Klärchen verraten. Früher war man einfach nur sparsam und benutzte die vertrockneten Brötchen, die zu nichts anderem mehr zu verwenden waren. Heute haben wir keine vertrockneten Brötchen mehr, wir Wohlstandssäcke! Ich benutze aber sowieso keine Brötchen, sondern ganz frisches türkisches Fladenbrot, und zwar etwa ein Fünftel pro Pfund Gehacktem, zerpflücke es in feine Stückchen und weiche es in Schlagsahne ein. Am liebsten mag ich nicht homogenisierte Schlagsahne, die angeblich von Alpenhöfen kommt. Auf diese Weise habe ich wenigstens etwas davon, daß die ganzen Alpen voller Kühe sind, die mich blöde anglotzen, wenn ich da rumlaufe, und die unsere Atmosphäre mit ihren Treibhausgasen kaputt furzen. Ab jetzt machen wir uns die Hände schmutzig! Drücken Sie die Sahne leicht aus dem Brot, geben Sie das Brot in die Schüssel. Die Pfanne steht auf der Platte und wird auf Stufe »2« (von drei Stufen) erhitzt. Olivenöl ist drinnen, aber auch Sonnenblumenöl hätte genügt. Jetzt mit beiden Händen in die Schüssel greifen und den Teig minutenlang tüchtig durchwalken! Der ganze Klumpatsch muß immer wieder zwischen den Fingern hindurch schmatzen!

Das Telephon klingelt! Kein Problem, es ist in Plastikfolie verpackt, und ich kann es problemlos mit der Klumpatschhand benutzen. »Ich komme ein bißchen später«, sagt Hasenmaus, »ich weiß nicht, welche Schuhe ich anziehen soll.« »Hauptsache mit Absätzen«, sage ich satanisch, und »laß dir nur Zeit, um so besser für die Frikadellen.« »Frikadellen!« schreit Hasenmaus begeistert, »es gibt Frikadellen!« Ich weiß, heute Abend kann kaum etwas schief gehen.

»Dann kann man vorher noch ein Gläschen Wein zu sich nehmen«, denke ich nach dem Ende des Telephonates, und auch das ist kein Problem, denn der Griff der Kühlschranktür ist in Plastikfolie verpackt. Aber was ist mit der Flasche, mit dem Glas und dem Korkenzieher? Also doch die Hände waschen! Kein Problem, denn der Seifenbehälter und der Wasserhahn sind in Plastikfolie verpackt. Erst mal ein schönes Glas Sylvaner-Spätlese von Michel-Pfannebecker auf Ex! Prost! Diesen Wein werden wir auch zum Essen trinken, und zwar reichlich. Und dann wieder rein mit den Händen ins Gehackte. Es ist ein Pfund gewesen, also forme ich vier runde, dicke, saftige Frikadellen und lege sie in die Pfanne. Nach fünf Minuten nehme ich die Hitze etwas runter, drehe sie kurz wieder hoch, wenn ich nach zirca einer Viertelstunde die Frikadellen wende. Wie das duftet! Wie schön dunkelbraun sind sie geworden! So, wie ich es vorhergesagt habe, kratze ich jetzt mit dem Löffel ein wenig eingeschmorten Bratensaft aus der Pfanne, lecke den Löffel ab und verbrenne mir dabei leicht die Lippen.

Inzwischen sind die mehligen Salzkartoffeln schon fast fertig. Das Klärchen nahm immer »Bintje«, aber die sind im Norden schwer zu bekommen. Ich kaufe beim Biofuzzi die Sorte »Aula« oder »Quanta«. Der sehr fein geschnittene Wirsing ist bereits gekocht (das Klärchen hat mir beigebracht: Immer eine Prise Natron ins Kochwasser des Kohls! Das ist gut gegen Blähungen …), abgegossen und gut abgetrocknet. Ich wasche mir die Hände, entferne die diversen Plastikfolien und decke den Tisch, schön zwei Kerzen links und rechts, ein paar Blumen, ein bißchen Mozart. Hasenmaus mag das so und sieht einen im Sinne der Begattungsakzeptanz kompletteren Mann in mir, als ich in Wahrheit bin. Das kann mir nur recht sein. Es klingelt, sie kommt auf hohen Absätzen die Treppe rauf und fragt, ob ich sie vermißt habe. »Natürlich«, sage ich, aber das hat sie mir noch nie geglaubt. Ich lege je zwei Frikadellen auf die vorgewärmten Teller, Salzkartoffeln daneben, ich gieße je einen Eßlöffel Frikadellenöl mit karamelisierten Bratensaftklümpchen darüber. Ich gebe einen riesigen Schlag Butter in die Frikadellenpfanne. Das Klärchen hat immer »gut Butter« gesagt, wenn es Butter meinte: »Lieber spar' ich an allem anderen, aber nicht an der gut Butter«, sagte es gelegentlich. Ich drehe die Platte hoch, löse durch Kreisen des Holzschabers den Bratensatz in die schmelzende Butter ein und brate die Wirsingstreifen darin. Sie dürfen ganz wenig anschmoren, das macht sie lecker und magenfreundlich, wegen der entstehenden Röst- und Bitterstoffe. Nach fünf Minuten ist der Wirsing bis zu einem Fünftel des vorigen Volumens zusammengeschmort. Salz, Pfeffer, etwas Kümmel und wenn Sie möchten, etwas chinesische Sojasoße. Das ist zwar nicht à la Klärchen, schmeckt aber hervorragend.

Und nun kann es losgehen. Hasenmaus nimmt die Gabel, setzt sie mit der Kante auf die Mitte einer seiner Frikadellen und drückt sie. Sie muß kräftig drücken, denn die Kruste ist dunkel und fest. In diesem Augenblick nehme ich mein Weinglas, Hasenmaus nimmt das ihre, und ich sage: »Auf das Klärchen!« – »Auf das Klärchen«, sagt sie, mit dem schönen Gesicht zu mir gewandt. Aber ihre Augen sind an die Frikadellenhälften geheftet.

Killing me softly. Sie nannten mich den »Erdbeerdingi«. »Achtung, Erdbeerdingi, Flugpost!« riefen sie, wenn sie einen Brief, der bei ihnen gelandet war, aber eigentlich in meinen Zustellbezirk gehörte, wie eine Frisbee-Scheibe in meine Richtung warfen. Schaue ich mir heute Fotos von damals an, erkenne ich, daß sie recht taten, mich so zu nennen: Ich war tatsächlich ein Erdbeerdingi! Ein trauriges Milchgesicht, langhaarig, mit einem Grinsen, das wohl aufmüpfig wirken sollte, aber einfach nur jämmerlich war.

Das Hauptquartier der Briefträger war ein gammeliger, einstöckiger Betonbau im Gewerbeviertel. Ganz in der Nähe gab es eine von diesen riesigen Reklamewänden, die damals die Straßen säumten und die heute eher selten geworden sind. In diesem Sommer, es war im Jahr 1973, kam die Firma Langnese mit einem neuen Produkt auf den Markt, mit einem Eis, das sich in einem Plastikkolben befand und das man mit Hilfe eines Stils nach oben aus dem Kolben herausschieben mußte, um es zu lecken. Das Eis war rot, Erdbeereis. Es trat aus dem Kolben aus und sah dabei aus wie ein Schwanz, der sich aus der Vorhaut schiebt. Niemand auf der ganzen Welt dachte an etwas anderes, wenn er das Eis sah. Es hieß »Erdbeerdingi«, genau wie ich, aber bereits einige Wochen vor mir. Die Plakatwand zeigte eine schöne Blondine mit leicht geöffneten vollen Lippen. Ihr Gesicht hing über dem in ihrer Hand erigierten Kolben, und sie war bereit, sich die rote Spitze in den Mund zu schieben. »Schieb dir den Erdbeerdingi!« stand darunter.

Jeden Morgen war ich erfreut über dieses Plakat. Und über den Spruch. Wenn ich mich recht entsinne, war die Erdbeerdingi-Kampagne die erste Werbung, die auf das Fellieren anspielte. Der öffentliche Trubel der Genitalität begann damals erst ganz allmählich, und ich erhoffte mir viel von dieser Entwicklung. Hätte ich gewußt, was ich heute weiß, nämlich, daß der Geschlechtsverkehr nur dort in aller Munde ist, wo er nicht statt hat, ich wäre vermutlich wutentbrannt auf den Erdbeerdingi losgegangen. So aber war ich begeistert. Herrliche Zeiten brachen an. Bald würde man überall stürmisch fellieren. Der Werbespruch fraß sich ein in meinen Wortschatz. Allerdings habe ich niemals selbst einen Erdbeerdingi geschoben.

»Schieb dir den Erdbeerdingi«, murmelte ich, »am besten, du schiebst dir mal den Erdbeerdingi«, »Moment, ich muß mir noch schnell den Erdbeerdingi schieben«, »mein Gott, ich hab mir dermaßen den Erdbeerdingi geschoben«, »laß mich in Ruhe mit deinem Erdbeerdingi« und dergleichen mehr formulierte ich probehalber und begeistert, und alle Kombinationen klangen gut. Ein großer Reichtum an sprachlichen Verwendungsmöglichkeiten des Erdbeerdingis tat sich auf.

Eines Morgens, wie üblich ein wenig zu spät, um fünf Minuten nach sechs, öffnete ich mit heftigem Fußtritt die schwere Schwingtür zum Verteilerraum. In der Türöffnung blieb ich stehen, die beiden Flügel schwangen zurück, ich breitete die Arme aus wie ein Prediger, um sie zu stoppen und schrie: »Schiebt euch doch alle mal den Erdbeerdingi!«

Die Kollegen starrten mich an, die Briefe in der Hand, ich ließ die Schwingtüren los und ging zu meinem Platz. Ich war der Chef im »Revier fünf«, dem Zustellbezirk fünf der Deutschen Bundespost, und die anderen waren einiges gewohnt, was mich betraf. Die Wochen vorher hatte ich sie täglich mit dem »Jeanskäfer« von Volkswagen genervt, einem Käfer mit Bluejeans-Sitzbezügen und eine Art Vorläufer des Erdbeerdingis. Im Radio war eine lüsterne Frauenstimme zu hören, die mich und andere fragte: »Hast du schon den Jeanskäfer angefühlt?«

Im Verteilerraum lief ständig ein Radio, und irgendwann begann ich damit, Herrn Ruhl zu fragen, ob er denn den Jeanskäfer schon angefühlt habe.

»Herr Ruhl!«

»Was gibt's denn?«

»Haben Sie schon den Jeanskäfer angefühlt?«

Der arme Herr Ruhl! Er hatte sowieso einen schweren Stand, weil er aus Norddeutschland kam, keine primitiven Scherze mochte und darauf bestand, daß man ihn siezte.

»Für Sie immer noch HERR Ruhl!« sagte er, wenn er geduzt wurde.

Tagelang wurde er alle zwei, drei Minuten gefragt, ob er den Jeanskäfer schon angefühlt habe. Entweder er sagte: »Lassen Sie mich in Ruhe!« Oder er sagte gar nichts.

»Herr Ruhl ist vornehm. Er spricht nicht mit uns!« hieß es.

Verweilen wir noch einen Moment bei Herrn Ruhl. Herr Ruhl war vor einigen Jahren aus Pinneberg an die Nahe emigriert. Das konnte nicht gut gehen. Allerdings haben wir Menschen von der Nahe einen gewissen Respekt vor den Leuten aus dem Norden. Insgeheim halten wir die Hochdeutschen für klüger als uns. Deswegen ziehen wir nur verschämt über sie her. Ehe ich die Jeanskäferattakken gegen Herrn Ruhl startete, hatten sich die anderen nicht getraut, ihn offen zu veräppeln. Aber nun heckte man das Folgende aus: Herr Ruhl kam jeden Morgen erst gegen zehn nach sechs. Er reiste mit dem Bus vom Dorf aus an. Eines Tages, als er die Schwingtür öffnete, verstummten die Gespräche, und man schaute sich an. Dann ging es im Chor: »Guten Morgen, Herr Ruhl, wir freuen uns, Sie zu sehen, Herr Ruhl. Wie geht's dir denn, Herr Ruhl? Hast du heute schon geschissen, Herr Ruhl?«

Von nun an erhob sich dieser Chor jeden Morgen. Aber niemals antwortete Herr Ruhl. Beim ersten Mal ging er auffällig langsam an meinem Sortierplatz vorbei und schaute mir böse in die Augen. Oh, oh, oh!

Mein erster Erdbeerdingi-Auftritt war besonders eindrucksvoll. Meine Windjacke hatte einen langen Riß im rechten Ärmel, und mir lief ein wenig Blut von der Stirn. Ich war auf dem Fahrrad eingeschlafen und gestürzt. In diesem Sommer wohnte ich im winzigen Wochenendhäuschen meines Onkels Helmut, am Waldrand oberhalb meiner Heimatstadt. Er hatte mir erlaubt, die gesamten, drei Monate dauernden Semesterferien dort zu verbringen. Das gab mir Gelegenheit, als Briefträger zu arbeiten.

Allerdings war ich nicht bereit, meinen Tages- beziehungsweise Nachtablauf auf diesen Job einzustellen. Vor ein, zwei Uhr früh ging ich nicht zu Bett, wenn man denn die Matratze so bezeichnen kann, auf der ich lag, und ich war stets mehr oder weniger stark betrunken. Es mußte absolut sicher sein, daß ich auf der Stelle einschlief. Andernfalls konnte ich für nichts garantieren. Als ich einmal versehentlich nüchtern nach Hause kam, fürchtete ich mich vor der Schwärze des Waldes und konnte überhaupt nicht schlafen. Perverse Rippengestelle schlichen um die Hütte, auf der Suche nach einer Möglichkeit einzudringen. Gleich würde eines von ihnen am Fenster erscheinen und mich anschauen. Der Mond stand am Himmel, und ich begriff, daß ich in jeder Hinsicht unzumutbar und außerdem ungewöhnlich sterblich war. Das durfte nie wieder vorkommen. Am folgenden Tag legte ich einen soliden und gut gepflegten häuslichen Bier- und Weinvorrat an.

An der niedrigen Decke über meiner Matratze hatte ich zwei Damenstrümpfe befestigt und zwei große mechanische Wecker hineingesteckt. Sie hingen links und rechts von meinem Kopf. Nur das Aufziehen machte etwas Mühe. Um fünf beziehungsweise um viertel nach fünf fingen sie an zu rappeln. Ich war erst gegen drei zu Bett gegangen. Mit zwei Freunden hatte ich eine ländliche Straußwirtschaft besucht, anschließend die Kirmes im benachbarten Dorf, wo der eine der beiden, »der Pinguin« genannt, ein leichtes Handgemenge mit mehreren Dorfjugendlichen begann. Es ging um die zwei dicklichen Mädchen, die mit an unserem Tisch saßen. Wir hatten lauthals sehr weitreichende sexuelle Vorhaben erörtert, die mit ihnen zu tun hatten. Das war aufgefallen. »Der dicke Ossi«, der andere meiner beiden Freunde, war von beeindruckender Gestalt.

»Wer was aufs Maul will, kann herkommen!« schrie er.

Wir nutzten die kurze Unsicherheit der Dorfjugend über unsere tatsächliche Gefährlichkeit und hauten schleunigst ab. Der Pinguin fuhr einen sehr alten VW Käfer mit abgerosteten, herunterhängenden Trittbrettern. Er kam immer in derselben Kurve ins Schleudern. Wie üblich drehten wir uns um zirca einhundertachtzig Grad. Dann ging es weiter. Na, jedenfalls bekam ich nur sehr wenig Schlaf.

Wecker Nr. 2 klingelte. Ich erhob mich und stand ganz schief im Raum. Ich glaube, auch Buster Keaton stand gelegentlich in seinen Stummfilmen so schief umher. Zum Zähneputzen mußte ich mich hinsetzen. Ich schlief ein und wurde erst kurz vor sechs wieder wach, das Hemd voll mit Zahnpastaspeichel. Das Fahrrad rollte von selbst den Hang hinunter, zwei-, dreimal trat ich die Pedale, dann ging es in jeder Hinsicht antriebslos bis zur Post. Ich bin garantiert Hunderte von Metern schlafend gerollt, ehe es zum Sturz kam. Als Ersatz für das zerstörte Rad stellte mir die Bundespost für den sechswöchigen Rest der Dienstzeit ein gelbes Dienstfahrrad zur Verfügung. Es war sehr schwer und ohne Gangschaltung, aber es erfüllte seine Zwecke.

Übrigens fragte mich niemand, was das solle, die Sache mit dem Erdbeerdingi. Man wollte sich vor mir keine

Blöße geben. Ich war Student, und jeder wußte, daß Studenten besserwisserisch und in nahezu allen Belangen vollkommen unfähig waren. Ganz schlimm war ein Germanistikstudent namens Martin. Der kriegte nichts geordnet. Nachmittags um vier kam er »heim«. Das heißt, dann erst war er mit dem Briefeaustragen fertig und kehrte in die Verteilstelle zurück. Der Oberbriefträger mußte eigens für ihn Überstunden machen. Ich dagegen war am Anfang viel zu schnell gewesen. Lange vor den anderen kam ich mit meiner leeren zweirädrigen Karre zurück. Man bedeutete mir, das ginge nicht, ich würde die »Zeiten versauen«. Seitdem machte ich jeden Tag eine halbe Stunde Pause in einer winzigen Kneipe, einer sogenannten »Trinkhalle«, in der es auch Zeitungen, Zigaretten, Bockwürste und Lottoscheine gab. Ich trank ein kleines Bier und ging pissen. Das war sowieso ein großes Problem, das mit dem Pissen. Manchmal ging ich auch ins Altersheim, das auf meiner Route lag, oder an den Bahndamm.

Der Oberbriefträger gab mir ein paar Wundpflaster. Ich öffnete die Säcke mit der Post und begann zu sortieren. Herr Ruhl kam und wurde gefragt, ob er schon geschissen habe. Er schwieg. Alles schien normal, aber ich wußte, daß der Erdbeerdingi in den Köpfen arbeitete. Heute war ein anstrengender Tag, deshalb blieb alles ruhig. Ich hatte ein paar Einschreiben, einige Nachnahmen, zwei Gerichtstermine mit Zustellungsurkunden, einige Postanweisungen. Auch das war normal. Das Problem waren die ADAC-Hefte. Alle fürchteten sich vor diesen Heften. Sie erschienen einmal im Monat, und so ziemlich jeder Deutsche bekam eins. Das machte etwa einen Zentner

ADAC-Hefte pro Revier. Es gab zwei schlimme Tage im Monat, den mit den ADAC-Heften und den, wenn die Renten ausbezahlt wurden. Zusätzlich gab es noch die Donnerstage, dann kamen der STERN und die ZEIT. Einmal kamen die ADAC-Hefte donnerstags, das war die Hölle. Die Renten teilte ich mir auf zwei Tage auf. Allein für mein Altersheim brauchte ich zwei, drei Stunden. Ich sah offene Beine, benutztes Nachtgeschirr, Darmrohre, die auf ihren Einsatz warteten. Es roch nach Tiergehegen. Viele der Alten waren super drauf am Rententag. Das Geld war ihnen egal, aber sie freuten sich auf den Briefträger. Einmal im Monat gab es jemanden, mit dem man ein paar Worte wechseln konnte. Ich erhielt jede Menge Trinkgeld. Das war der Grund, weshalb man mir mein Revier neidete. Es war frei geworden, weil der betreffende Kollege Tuberkulose hatte. Wahrscheinlich im Altersheim aufgesammelt, wo sonst? Leider gab es statt Geld häufig auch Nahrungsmittel, zum Beispiel Obst, das von den Fütterungen übrig geblieben war, oder angebrochene Schokoladentafeln aus der Nachbarschaft des Nachtgeschirrs, lecker, lecker. Das Zeug flog sofort in die nächste Mülltonne.

Von den armen und häßlichen Postkunden in meinem Revier bekam ich sowieso ordentlich Trinkgeld oder Schnaps. Schlimm waren die kleinen Gewerbetreibenden, Ladenbesitzer, Handwerker und Freischaffenden. Dort gab es niemals auch nur einen Pfennig. Später, im Studium, war ich deswegen ein Anhänger der These, der Nazifaschismus sei eine Ausgeburt des Kleinbürgertums gewesen. Sie überzeugte mich restlos. Immerhin hoffte ich auf einen kurzen und inflammierten Sexualverkehr mit der einen oder anderen vernachlässigten Oberarzt- oder Architektenfrau. Es war doch überall bekannt, daß man als Briefträger gelegentlich in ein Schlafzimmer gebeten wurde. Alle erzählten davon, und wenn einer ungewöhnlich spät von seiner Tour zurückkam, grinste er satanisch und sagte, ihm tue alles weh, oder er sei vollkommen ausgedörrt oder ähnliches. Manche hinkten oder gingen breitbeinig und behaupteten, ihre Eier seien gequetscht oder ihre Schwänze zerbissen.

In der Anfangszeit meiner briefträgerischen Laufbahn war mir klar, daß diese ganzen bettwarmen Frauen einen enormen Unterdruck hatten. Es war nur eine Frage der Zeit, dann würde es losgehen. Manchmal verzögerte ich die Überreichung eines Briefes ein wenig, oder ich berührte absichtlich die Hand einer jungen Frau, wenn ich ihr meinen Postkugelschreiber zum Unterzeichnen einer Empfangsbestätigung lieh. Und manchmal kam tatsächlich eine im Morgenmantel an die Tür. Aber sie schauten mich gar nicht richtig an, diese Frauen. Ich war Luft für sie, so etwas wie ein Kammerdiener, vor dem man sich entblößen konnte wie vor einem Hund, weil er die Stufe des eigentlichen Menschseins noch nicht erreicht hatte. Je länger ich Briefträger war, um so weniger Hoffnung blieb mir. Diese Sexgeschichten waren genauso ein Schwindel wie die Sache mit dem Erdbeerdingi! In Wahrheit lief nirgends irgendwas!

Doch zurück zu dem Tag, als ich auf dem Fahrrad einschlief und mich der Oberbriefträger mit Wundpflaster versorgte. Vormittags gegen zehn trank ich mein kleines Bier in der Trinkhalle. Mein Gesicht war immer noch etwas angeschwollen, an der Stirn hatte ich eine große Hautabschürfung. Die Wirtin fragte, ob ich mich geprügelt hätte. Ich nickte finster. Mein Kater war heftiger als normal, ich mußte ein zweites Bierchen nachlegen. Schließlich durfte ich nicht zu früh Feierabend machen, und außerdem hatte ich bereits über fünfzig ADAC-Hefte weg. Das mußte gefeiert werden. Ich warf je eine Mark in den Geldspielautomaten und in die Musikbox, drückte dreimal hintereinander »Killing me softly« von Roberta Flack. Meine Karre hinter mir herziehend, verließ ich schließlich die Trinkhalle und ratterte die Treppe zur Straße runter. »Killing me softly«, schallte es hinter mir her. Das war mein Lied des Sommers. Ich hatte die verzagte Melodie und die Refrainzeilen fast ständig im Kopf, denn sie paßten zu meiner Stimmung. Auch ich wollte, daß endlich irgend jemand mein Leben mit seinen eigenen Worten sang und mich anschließend sanft tötete. Der Sommer 1973 war heiß, die Sonne schien heftig und unnachsichtig, so auch an jenem Tag. Verliebtheit strömte in mich ein, wie gerade zuvor noch das Bier. Ach, ich war häufig verliebt damals, nicht in eine benennbare Person. Es gab ja niemanden für mich. Eher allgemein. Wenn ich zwei Bierchen getrunken hatte, mußte ich eine zusätzliche Pissung am Bahndamm einlegen. Auch dort stand eine Plakatwand mit dem Erdbeerdingi drauf.

»Leckt mich doch alle am Arsch mit eurem Erdbeerdingi!« schrie ich und zog die Bauchmuskeln zusammen, um meinen Pißstrahl zu verstärken. Zwei, drei Sekunden lang konnte ich dem unteren Teil des Erdbeerdingis, der sich auf der Höhe meines Kopfes befand, zeigen, wer Herr im Hause war. Dann ließ der Druck nach, und der Strahl sank resigniert nach unten. Ich heulte ein bißchen, weil es mir gefiel, wie es gleichzeitig oben und unten aus mir herausfloß. Außerdem hatte ich Hunger.

Um zwölf war ich fertig, nahm das gelbe Postrad und fuhr ins Schwimmbad, wo ich täglich den Nachmittag verbrachte, meist schlafend, um mich auf die Abende mit dem Pinguin und dem dicken Ossi vorzubereiten. Irgendwann am Nachmittag öffnete ich die Augen, und die Blätter der Bäume sowie die Wolken am Himmel, oder was immer ich sah, waren eindeutig und präzise wahrnehmbar. Stärke und Lebensmut waren also zurückgekommen. Ich war wieder auf der Erde, und neue Frechheit strömte in mich ein. »O Herr, ich danke Dir dafür, daß ich nicht so bin wie du«, betete ich siegesgewiß.

Schließlich waren zwei Monate meiner Briefträgerzeit vorbei. Der September hatte begonnen, es war Montag früh. Um fünf erschien mir das Toben des ersten Weckers wie ein Inferno. Mein Gehirn war von verschiedenen Rauschgiften sowie von reichlich Bier und Wein angegriffen. Am Abend zuvor waren wir nach Frankfurt gefahren, um uns zum dritten oder vierten Mal »2001, Odyssee im Weltraum« anzuschauen. Der Pinguin fuhr, wir hatten jeder einen halben Trip eingeworfen und uns ausgerechnet, daß er kurz vor Filmbeginn »kommen« müsse. Zur Einstimmung rauchten wir ein paar Joints. Die Fenster blieben geschlossen, wir saßen im dichten Qualm, so daß ein maximaler Wirkungsgrad erzielt und nichts vergeudet wurde. Der Pinguin fing an zu kotzen. Die Musik habe ihn bedroht, sagte er. Der dicke Ossi und ich schrien vor Lachen. Hinten im Käfer waren zwei Fünfzig-Watt-Boxen montiert. Es würde mich nicht wundern, wenn wir an diesem Abend Black Sabbath gehört hätten oder Mountain. Schließlich mußte ich ans Steuer, weil der dicke Ossi zu besoffen war. Die Trips kamen viel früher als erwartet. Ich schaffte nur noch maximal sechzig, was mir vorkam wie zweihundert. Der Wagen war überdies sehr schmal und lang geworden, fast wie ein U-Boot sah er aus. Außerdem fuhr er nur noch auf zwei Rädern, auf den beiden rechten, genauer gesagt. Schließlich hatten wir die Orientierung verloren. In einem geheimnisvollen menschenleeren Dorf hielt ich an, ging in eine Telefonzelle und schaute nach, welches lokale Telefonbuch verwendet wurde. Das Dorf hieß »Mainz-Finthen«. Aha, da wußte ich ungefähr Bescheid. Als wir endlich im Kino ankamen, war meine Lieblingsstelle schon vorbei, die mit dem Obelisken und »Also sprach Zarathustra« von Richard Strauß. Nachts um zwei war ich zurück in meiner Hütte. Es hatte alles nichts geholfen. Um mich herum summte die Stille. Außer mir war niemand da, sah man von den Skeletten draußen ab. Gelegentlich verformten sich die Wände ein wenig. Ich trank noch ein Bier, damit das aufhörte, und versuchte zu grübeln. Aber nicht einmal das gelang.

Um zehn nach fünf lag ich in der dunklen Hütte, regungslos zwischen den beiden Damenstrümpfen, wartete auf den zweiten Wecker, fröstelte und dachte daran, daß mir gestern die ersten Verfärbungen der Buchenblätter aufgefallen waren. Mein vorauseilender Pessimismus übersprang den Herbst und spürte, wie der Winter und noch weit Schlimmeres direkt vor der Tür standen. Wieder war nichts geschehen in meinem Leben. Was hätte auch geschehen sollen? Man wurde nur verarscht. Jetzt kam die Kälte, und ich war allein.

An diesem Tag traf eine Warensendung aus Dänemark ein. Pornographie hatte damals mit nordischen Ländern zu tun, wo sie offiziell erlaubt war. Der Anblick skandinavischer Briefmarken löste tumultartige Szenarien aus. Auf der Stelle wurden die Sendungen geöffnet, und der Inhalt ging von Hand zu Hand. Alle Briefträger außer Herrn Ruhl schauten sich die Fotos grölend an. Herr Ruhl sagte voller Abscheu: »Eine Schande, daß es solche Schweinereien gibt. Sie sollten sich alle was schämen!« Er sortierte ungerührt weiter, und manchmal flogen ein paar Schweinereien in seine Richtung. Anschließend packte man die Sachen wieder ein und benutzte den Dienststempel »Beschädigt angekommen«. Wer sollte sich beschweren?

Herr Ruhl saß nur eine Reihe vor mir. Erst gestern hatte ich ihn wieder gefragt, ob er sich schon einmal den Erdbeerdingi geschoben habe. Die Schwingtür öffnete sich, und er trat ein. Mißmutig, wie immer, hing die schwarze Aktentasche mit der Thermoskanne und den Stullen an seinem Arm.

»Guten Morgen, Herr Ruhl. Wir freuen uns, Sie zu sehen, Herr Ruhl. Wie geht's dir denn, Herr Ruhl? Hast du schon geschissen, Herr Ruhl?«

Gerade als ich eine der besagten Warensendungen zum Sortieren in der Hand hielt, kam er an meinem Platz vorbei.

»Der Erdbeerdingi hat was für euch!« schrie er, grapschte nach dem dicken Brief und hielt ihn in die Höhe.

»Her damit!« brüllten die andern, und kurz darauf hörte ich das Triumphgeheul von Herrn Wulfes, dem schlimmsten Pornographen.

»Volltreffer!« schrie er.

Jetzt sprang auch ich auf und rannte hin.

Es handelte sich um Dutzende von Fotos, auf denen zwei Postkunden aus meinem Revier zu sehen waren: Herr und Frau Schmidtke. Jetzt begriff ich, warum sie mir seit Tagen auf der Straße entgegengekommen waren und nach der Post gefragt hatten. Sie wohnten in einem häßlichen, ziemlich asozial wirkenden Wohnblock. Frau Schmidtke gehörte zu denen, die mir gelegentlich im Morgenmantel die Tür öffneten. Allerdings waren auch von ihr niemals einladende Signale ausgegangen, sah man von einem guten Trinkgeld ab. Jetzt erblickte ich sie, wie sie zum Beispiel mit zusammengebundenen Händen an einer geöffneten Tür hing. Genauer gesagt: Das Tau, das ihre Hände zusammenhielt, war über die obere Kante des Türblatts geschoben. Lediglich mit den Zehenspitzen hatte sie Kontakt zum Boden. Allerdings waren auch ihre Füße gefesselt, so daß ihre Lage, insgesamt gesehen, wohl ziemlich unangenehm war. Links und rechts von ihr standen zwei kleine Scheinwerfer, die besonders die mittleren Partien ihres Leibes grell beleuchteten. Ihr kleinwüchsiger Partner, hinter ihr stehend, bekam etwas weniger Licht ab. Man sah Teile seines Kopfes, den er zurück zur Kamera drehte, eine Seite seiner mittelgroßen weißen Bauchkugel und glücklicherweise lediglich den vorderen Teil seines Genitals, das ungefähr in Richtung der Gefesselten ragte. Ebenfalls sehr deutlich war die Peitsche zu sehen, die er, wie im Ausholen erstarrt, in die Luft streckte. Sie hatte einen Griff aus Holz und mehrere dicke, aber recht kurze Lederriemen, ähnlich wie die angeblich russische Peitsche meines Großvaters, mit der er meinen Vater verprügelt hatte und die mein Vater nach seinem Tod übernahm, um nunmehr mich damit zu prügeln. Aber auf dem Rücken und dem Arsch der Gefesselten waren keine Striemen zu sehen. Vielleicht lag das an dem grellen Licht, das alle Farben nivellierte.

Diese Einstellung wurde vielfach variiert, manchmal sah man Frau Schmidtke von vorne, manchmal von hinten. Beide Schmidtkes hatten eher wurstförmige Silhouetten. Besonders ihre Ärsche symbolisierten auf erschütternde Weise die Identitätsverlassenheit des modernen westlichen Subjekts. Die Frau hatte das Problem, daß sie zusätzlich Brüste besaß, bedauernswerte und gänzlich unakzeptable Exemplare von unterschiedlicher Ausdehnung und Konsistenz. Manchmal sah man sie mit, manchmal ohne Knebel im Maul, manchmal stach ein roter Dildo aus ihr heraus, manchmal nicht. Dann wurde sie vom Türblatt abgehängt, damit sie vor Herrn Schmidtke niederknien konnte, während sein Arm mit der Peitsche furchterregend über ihrem Rücken hing. Kamera und Lichtkegel der Scheinwerfer waren für diese Fotoserie nach unten gerichtet. Man sah den braunen fleckigen Teppich, und daß der Peitschende vergessen hatte, die Socken auszuziehen. Irgendwann hatte das Ehepaar Schmidtke wohl seine Position vor der Kamera korrigiert. Man sah jetzt von der Seite, wie sie seinen festen weißlichen Wurm inkorporierte. Kein Zweifel, sie schob sich den Erdbeerdingi! Dabei schauten beide mit einem teilnahmslosen und rechtschaffenen Blick in die Kamera, so, als hätten sie nichts zu verbergen. Überall im Postamt kreisten die Fotos, Herr Wulfes hielt sich den Bauch vor Lachen, und mehrere Kollegen öffneten spontan Bierdosen, um den wunderbaren Morgen zu begießen. Es war halb sieben, ich rannte von Platz zu Platz, um möglichst alle Fotos wieder einzusammeln. Zum ersten Mal sah ich Herrn Ruhl mit zufrieden grinsendem Gesicht. »Da rennt er, der Erdbeerdingi«, sagte er.

Alle steckten sie unter einer Decke. Selbst der Oberbriefträger spielte mit. Als ich die Fotos einigermaßen zusammengesucht hatte, verklebte er die Sendung mit einem Postsiegel, und ich drückte den Stempel drauf: »Beschädigt eingetroffen.«

Die Schmidtkes lagen sehr weit vorne auf meiner Tour. Es war halb neun, als sie mir entgegenkamen. Beide waren sie klein und irgendwie hurtig in ihren Bewegungen, wie Nagetiere, dachte ich. Sie hatte sich bei ihm eingehakt.

»Haben Sie was für uns?« rief sie mir entgegen. Wir näherten uns einander. Ich stoppte. Scheinbar müderoutiniert wühlte ich in der oberen Tasche und zog den notdürftig verschlossenen Brief aus Dänemark hervor, prüfte mit dienstlichem Gesichtsausdruck noch einmal, ob alles seine Ordnung hatte, aber Frau Schmidtke streckte bereits gierig ihre, wenn ich mich nicht täuschte, leicht zittrige Hand nach dem Brief aus. In diesem Augenblick sah ich ihre traurigen blauen Augen, und ich schämte mich. Eigentlich war sie nicht übel, sogar ein wenig hübsch, zumindest dann, wenn man einen hinwendungsbereiten und tiefgründig menschenliebenden Tag erwischte. Ob es solch ein Tag war damals? Ich weiß es nicht. Vermutlich. Jedenfalls spürte ich plötzlich eine gewisse unterirdische Verbundenheit mit dieser Frau. Es war, als sei von irgendwo her eine Intimität in unser Verhältnis geflossen. Ich dachte daran, daß so ziemlich alles an mir nachweislich um Längen prachtvoller war als bei Herrn Schmidtke.

»Bitteschön«, sagte ich.

Dann erblickten die beiden das Malheur. Während ich mit leicht verschwenderischen Bewegungen meine Tasche schloß und die Karre zum Wegziehen kippte, flogen ihre angstvollen Blicke zwischen dem Brief und meinen Augen hin und her.

»Auf Wiedersehen«, sagte ich und ging.

Auf der Straße traf ich die Schmidtkes jetzt nicht mehr. Offenbar hatten sie sich mit ihren Fotos verbarrikadiert.

»Es wird ihnen vergangen sein«, dachte ich.

Einige Tage nach dem Ereignis kam ein Einschreiben für Herrn Schmidtke. Sie öffnete die Wohnungstür, sagte, ihr Mann sei nicht da, und bat mich herein, genauer gesagt, in das Zimmer, das ich von den Fotos her kannte. Ich merkte sofort, daß irgend etwas vorbereitet war. Vielleicht wolle man mich bitten, nichts von den Fotos zu erzählen, oder mit Geld bestechen. Einige Minuten später wußte ich, was es bedeutet, wenn Frau Schmidtke sich den Erdbeerdingi schiebt. Während der verbleibenden zwei Wochen meiner Briefträgerzeit erhielt ich eine profunde sexuelle Ausbildung. Meine Besuche in der Trinkhalle hingegen fielen aus. Bis dato hatte ich ja, ehrlich gesagt, praktisch keine Ahnung von Geschlechtsverkehr. Zwar sang Frau Schmidtke mein Leben nicht mit ihren eigenen Worten, dazu wäre sie nicht fähig gewesen. Und sie tötete mich auch nicht sanft. Aber war das überhaupt nötig? Ich mochte es sowieso etwas heftiger. Wo Herr Schmidtke während der sexuellen Ausschreitungen steckte, blieb mir verborgen. Sie behauptete, er sei verreist, aber ich glaubte an ein abgekartetes Spiel. Allerdings entdeckte ich nirgends eine getarnte Kamera, ein Loch in der Wand oder dergleichen.

Nachts lag ich zufrieden und ziemlich nüchtern in meiner Hütte. Die Skelette draußen waren gewiß niedlich anzuschauen.

»Morgen«, hatte sie heute gesagt, »üben wir ›Von hinten‹.«

Noch Jahre später, Erdbeerdingi und Jeanskäfer waren vergessen, akustische Verballhornungen von »Killing me softly« auf dem Markt, löste der Anblick des Hauses, in dem die Schmidtkes schon lange nicht mehr wohnten, starke Reaktionen bei mir aus. Und noch heute fungieren die Fertigkeiten Frau Schmidtkes als Benchmarks in meinem diesbezüglichen Leben, sofern es denn statt hat. Ich habe sie übrigens vermißt, die Frau Schmidtke, damals, als die Briefträgerzeit vorbei war und ich zurück zur Uni ging. Wir mochten uns, glaube ich.

Drei.

Das Wiedersehen. Der Sommer sitzt auf der Welt wie ein König auf seinem Thron. Jenners Blick gleitet sehr langsam hinunter zum Fluß, über die Stadt und auf der anderen Flußseite den bewaldeten Hang hinauf bis zum Himmel. Dessen Bläue ist derart durchsichtig, fleckenlos und tief, daß dahinter oder darüber die Schwärze des Weltalls erahnbar wird. Dort, wo der Himmel auf die Spitzen der Bäume trifft, scheint eine dünne schwarze Linie gezeichnet zu sein, so, als trete an der Grenze zwischen dem irdischen und dem ätherischen Raum die Dunkelheit der Welt ungeschönt, ungebläut hervor. Der wandernde Blick erreicht diese Grenze zwischen den Bäumen und dem Himmel. Er bleibt dort eine Weile haften.

Davon hatte Jenner geschwärmt: Am Hang zu wohnen, mit Gärtchen abwärts und mit Blick über die Dächer der Stadt. Im Sommer würde er, aus dem Garten zurückkehrend, leise in die lichtgedämpften Zimmer eintreten und für eine Weile blind sein vom Sonnenlicht draußen. Heute ist Sonntag, den Morgen über hat Jenner im Garten verbracht, in Zeitungen und Journalen geblättert, Tee getrunken, lange vor sich hin geschaut, regungslos auf seiner türkisfarbenen Liege gelegen. Zeitschriften, ein geschlossenes Notebook, ein Mobiltelephon befinden sich griffbereit im Gras. Nun reibt sich Jenner mehrfach die flache Hand über den Kopf, von der Stirn zum Nacken und wieder zurück zur Stirn. Seine Augen mit den schweren Lidern wirken müde. Er löst seinen Blick, erhebt sich und handelt, als folge er der Erzählung, die er sich selbst geschaffen hat: Er steigt die kleine Treppe hinauf zur Terrasse. Der Duft ihrer sonnenbebrüteten, vom Begießen der Pflanzkörbe noch feuchten Holzdielen kennt sich gut mit Fernweh aus. Durch die große, offen stehende Tür gelangt Jenner in den geräumigen Salon, wo er sich, geblendet vom Sonnenlicht, zunächst auf den Flügel stützt, den er so hat postieren lassen, daß derjenige, der irgendwann auf ihm spielen wird, einen Blick hinunter auf den Fluß hat. Er selbst kann nur »Hänschen Klein«, mit dem Zeigefinger der rechten Hand.

Er bewohnt sein Haus allein. Zwei Zimmer läßt er leer stehen.

»Ich habe einfach nicht genug Möbel für mein großes Haus«, erklärt er den seltenen Gästen, die verwundert nach dem Zweck der Räume fragen. »Irgendwann«, sagte sein Freund Bernhard, er steckte gerade den Kopf in eines der zwecklosen Zimmer, »wirst du dich an dein Geld gewöhnen müssen. Es wird nicht weniger werden.« Dabei schaute er Jenner von der Seite an, mit bewunderndem, aber auch mißtrauischem Gesichtsausdruck. Nur dann, wenn er allein im Haus ist, betritt Jenner die leeren Räume. Er stützt sich auf die Fensterbank und schaut aus dem Fenster. Oder er schnalzt mit der Zunge und lauscht auf den Hall, der von der hohen Decke und den kahlen Wänden zurückkommt. Manchmal setzt er sich auf den Holzfußboden und summt einen Popsong. Wenn er die Resonanz des Raumes trifft, hält er den Ton eine Weile.

Am frühen Nachmittag bricht Jenner auf zu seinem Sonntagspaziergang. Er trägt einen leichten Leinenanzug und einen Panamahut.

»Ich möchte mich fühlen wie Gustav Aschenbach in ›Tod in Venedig‹«, sagt er zu Bernhard, der behauptet, der Panama mache Jenner alt. Und: »Alt bin ich sowieso.« Bernhard ist Mitte Dreißig, Online-Redakteur von Beruf. Er kennt weder die Novelle von Thomas Mann noch den Spielfilm von Luchino Visconti.

»Wie fühlt sich denn dein Gustav Aschenbach?« fragt er.

»Mit letzter Kraft seine anachronistische Vornehmheit aufrecht erhaltend«, sagt Jenner, wobei er wohl das Bild des Spielfilm-Helden vor Augen hat, das offenbar stärker ist als die Vorstellung, die er sich damals, beim Lesen der Novelle, in der eigenen Phantasie formte.

»Aber im Gegensatz zu Aschenbach habe ich mir die Vornehmheit gerade erst angeschafft.«

Die schmale Wohnstraße ist leer und mittagsstill. Aus den Vorgärten des Villenviertels steigt der Duft der Nadelgehölze. Es gelingt Jenner, einen gelassenen Schritt beizubehalten, obwohl der Weg stark ansteigt. Er schlendert den Hang hinauf. Weiter oben gibt es einige Gründerzeit- und Jugendstilvillen, die prachtvoller sind als Jenners Haus. Es beginnt der Stadtwald, dessen noch unernst helles Grün hinaufreicht bis zum Gipfel des Berges. Es ist früher Juni. Riesige Eichen- und Buchenstämme bestimmen das Bild. Hier und da sind die exotischen Anpflanzungen kauziger Förster zu besichtigen, inzwischen in die Jahre gekommen, mit erläuternden

Schrifttafeln versehen: »Heimat: Mittelmeerraum«, oder: »Nordamerika«. Einige dieser Tafeln sind in den bezeichneten Baum hineingesunken. Die Rinde wölbt sich über ihren Rand und schlägt über der Schrift zusammen. Das rötlich-braune, vom Winter ausgelaugte Laub des vorigen Jahres bietet sich sehnsuchtsvoll den Sonnenbahnen an, die schräg durch die Lücken des Blätterdaches brechen. Nur wenn der schwache Wind das Laub hoch oben ein wenig flirren läßt, kommt glitzernde Bewegung in die Ränder der Lichtplätze am Boden.

Der Aussichtspunkt ist das notorische Ziel von Jenners Spaziergängen. Manchmal in den Abendstunden, wenn er allein dort oben ist, steht er gleichzeitig erstarrt und entspannt, so, als habe er gerade einen Schicksalsschlag vermieden oder überstanden. Er schaut hinaus, hinunter, bewegt den Kopf ein wenig. Nicht mehr als zwei, drei Minuten vergehen. Jenner dreht sich um und verschwindet. Orte, die beruhigend auf ihn wirken, nennt er seine »heiligen Stellen«.

»Dabei kommt es wirklich auf den Meter an«, sagt er zu Bernhard.

Heute wählt er nicht die übliche Route zum Gipfel, er geht einen längeren Weg über das nächste, dunkelschattig-einsame Seitental. Er murmelt beim Gehen vor sich hin und gestikuliert ein wenig mit den Händen, als wolle er irgend jemandem etwas klar machen. Der Boden dampft an den wenigen Stellen, an denen die Sonne auftrifft. Jenner muß den Panama in der Hand tragen, weil er an der Stirn etwas schwitzt. Oben am Aussichtspunkt lehnt er sich auf die warme bruchsteinerne Brüstung. Der Duft alter, aus den Ritzen der Steine entweichender Feuchtigkeit ist mit dem Duft auf Jenners Holzdielenterrasse verwandt und möchte Stimmungen und Bilder aus den Lebenstiefen hervorlocken: Vielleicht Szenen aus sommerlichen Ausflügen mit den Eltern zu den Ruinengemäuern mittelrheinischer Burgen? Oder Bilder von den erhitzten ockergelben Porphyrithängen am Höhenweg über dem elterlichen Haus? Vielleicht ist es aber lediglich der Duft dieser Mauer, den Jenner riecht, und darüber hinaus ist es nichts.

Man sieht die Dächer des schicken neuen Bürogebäudes im kleinen Technologiepark der Stadt, in dem Jenner arbeitet. »Von dort oben«, hat er Neubauer und Schmidt, seinen beiden Chefs, einmal gesagt, wobei er mit dem Zeigefinger zum Aussichtspunkt wies, »begreift man, daß wir an unserem optischen Verschwinden arbeiten.« Neubauer und Schmidt, schlanke junge Männer von Anfang Dreißig, die ihre Brioni-Anzüge nur für Pressekonferenzen und Vertragsverhandlungen herausholen, die übrige Zeit im Freizeitlook arbeiten, verstehen ihn offenbar nicht. »Ich meine«, sagt er, »unsere Arbeit nimmt keine materielle Gestalt mehr an, und deswegen verlieren wir selbst an Ausdehnung.« Jenner hat ein wenig Narrenfreiheit, ist jedoch als Leiter der Abteilung für Öffentlichkeitsarbeit, Dokumentation und Investor-Relationships unmittelbar an den Vorstand angebunden. Er bezieht eines der höchsten Gehälter der Gesellschaft. Zusätzlich verfügt er über Aktienoptionen, die inzwischen mehr als eine Million Euro wert sind. Der Vorstand schätzt seine Eloquenz und »kommunikative Kompetenz«. Die Zauberberg.com Aktiengesellschaft erstellt Internetauftritte für die pharmazeutische Industrie. Außerdem entwickelt die Firma Software für die internen Computernetze der Pharmakonzerne und Biotech-Firmen, mit deren Hilfe sie ihren gesamten Einkauf organisieren können. Zusammen mit der amerikanischen Partnerfirma plant man den Aufbau eines weltumspannenden elektronischen Marktplatzes für den Einkauf von Rohstoffen und für den Verkauf pharmazeutischer Endprodukte. Sollte die Zusammenarbeit sich weiter positiv entwickeln, wollen sich die Amerikaner an der Zauberberg.com AG beteiligen. Das würde ihren Aufstieg in die Weltliga bedeuten.

Jenner schaut jetzt über die Stadt hinweg in die Ebene. Der Horizont ist scharf gezeichnet, die Luft so trocken, daß die Fingerkuppen wie Seide aufeinander gleiten. »Nordostwind«, murmelt Jenner. Von unten dringt ein wenig Autolärm herauf. Jenner geht, als sich eine schnatternde Menschengruppe dem Aussichtspunkt nähert. Am Weg liegt ein Ausflugslokal. Im Schatten des Dachvorbaus steht ein Tisch mit einem einzelnen Stuhl. Eine Weile sitzt Jenner dort und beobachtet ein Kind dabei, wie es die Innenwände eines geleerten Eiskelches wieder und wieder mit dem Löffel umrundet, voller Hoffnung, es könnte doch noch ein wenig geschmolzenes Eis übersehen worden sein. Ein kleiner schwarzer Hund schnüffelt interessiert an Jenners Schuhsohlen. Am Nebentisch sitzt ein Paar. Die Frau mustert Jenner und gibt dem Mann einen Kuß auf die Wange. Die Sonne erreicht Jenners

Weinglas. Es wirft einen gelb funkelnden, pilzförmig fokussierten Schatten auf die weiße Tischplatte. Abends, während Jenner noch einmal eine Weile in seinem Garten ist, scheint sich mit abnehmendem Licht der Duft des Begrenzungsmäuerchens zum Nachbargrundstück zu verstärken.

Gegen 21 Uhr überquert Jenner, jetzt ohne seinen Panama, den Fluß. Eine junge Frau steht am gemauerten Geländer der alten Brücke und betrachtet die historische Altstadt. Sie ist dunkelblond, hübsch und gut gewachsen, sommerlich gekleidet, hat einen cremefarbenen Pullover über die Schultern geworfen, die Ärmel sind vor der Brust verknotet. Man bemerkt nichts Auffälliges an ihr, sieht man davon ab, daß sie ohne Begleitung ist und außerdem mit der Art, wie sie den Körper hält und mit der sie überhaupt anwesend ist, einen etwas bedrückten und verlorenen Eindruck hinterläßt. Je näher Jenner der Frau kommt, desto kürzer und langsamer werden seine Schritte. Dann bleibt er stehen, vielleicht eine Sekunde lang, dreht sich unbeholfen zum Geländer hin, schaut in den Fluß, setzt zögernd seinen Weg fort, passiert die Frau.

»Einen Moment, eine Sekunde lang«, wird er Bernhard am nächsten Tag erzählen, »war ich mir sicher, daß es jemand ist, den ich vor fast acht Jahren das letzte Mal gesehen habe. Es war in Frankfurt.« Bernhard wird ihn mit Verwunderung im Blick anschauen. Da scheint ja etwas sehr Wichtiges unerzählt zu bleiben, sonst würde Jenner nicht von »jemand« sprechen, wenn er doch zweifellos eine Frau meint! Nie hat Bernhard etwas über Frauen in Jenners Leben gehört. Hat er sich vielleicht manchmal gefragt, ob der Freund schwul ist, besonders, seitdem er heimlich Nachforschungen über Gustav Aschenbach angestellt und von dessen erotischen Vorlieben erfahren hat? Andererseits sind ihm die begehrlichen Blicke gewiß nicht entgangen, die Jenner den schönen Frauen hinterherschickt.

»Dabei war das alles völlig absurd«, wird dieser weiter erzählen, »denn die Person gestern abend war etwa so alt, wie die andere vor acht Jahren war, und nicht so alt, wie jene heute sein müßte. Außerdem sah sie der anderen nicht besonders ähnlich. Eigentlich sah sie ihr ganz und gar nicht ähnlich. Sie hat mich aber ganz genau fixiert, als wir aneinander vorbeigingen.«

»Sie hat dich fixiert, weil du sie fixiert hast«, wird Bernhard zurückgeben, aber Jenner wird mit seinem Gesicht zeigen, daß er die Sache anders sieht.

Jenner und Bernhard kennen sich jetzt ungefähr zwei Jahre, sehen sich ziemlich oft, aber die Gespräche beschränken sich auf ziemlich genau umgrenzte Gebiete, die zweifellos von Jenner bestimmt werden, nicht von Bernhard. Der hingegen versucht immer wieder, vom anderen mehr zu erfahren, als dieser offenbar preiszugeben wünscht. Und Jenner wiederum ist keineswegs verärgert über die Fragen: Im Gegenteil, man könnte meinen, daß er von den vergeblichen Recherchen des Freundes angenehm berührt ist. Als die beiden sich kennenlernten, war die Antwort Jenners auf Bernhards Frage, was er denn beruflich mache, eine ganz typische: »Ich spiele mit

Computern.« Jenner redet nicht oft über seine Arbeit, jedenfalls von dem Moment an, in dem er abends das Bürogebäude durch die verchromte Drehtür verläßt. Auch über seine Vergangenheit spricht er ungern. Die Zeiten, in denen er als Beruf »Kunsthistoriker« angab, sind lange vorbei. Viel mehr als die schiere Information, daß es einmal so war, erhält Bernhard nicht. Er versteht die Entwicklung nicht, die Jenners Leben genommen hat, vom promovierten Kunsthistoriker, der eine bescheiden dotierte, aber sichere Stelle beim Frankfurter Magistrat hatte, zum Sprecher eines Internet-Unternehmens mit einem zwölfstündigen Arbeitstag.

»In meinem Leben«, sagte Jenner, »hatte sich damals so viel angehäuft, daß ich davon erdrückt wurde. Ich konnte nicht mehr denken und nicht mehr wünschen. Ich hatte die Beziehung zu mir selbst verloren. Ich mußte die Reinheit meiner Existenz wieder herstellen.«

Diese und ähnliche Sätze sind es offenbar, die es Bernhard dann unmöglich machen, zu insistieren, weiter zu fragen, zum Beispiel was es denn im einzelnen war, das sich da angehäuft hatte, und was diese Reinheit der Existenz ist, von der Jenner spricht, und die verloren gegangen war. Er schweigt. Aber der lange Blick, den er dem Freund in diesen Momenten zuwirft, läßt vermuten, daß dieses eigene gelegentliche Schweigen-Müssen ein Grund dafür ist, weshalb er die Nähe des anderen immer wieder sucht. Wenn Bernhard ausführlich über seine Frauengeschichten spricht, hört Jenner sehr aufmerksam zu, kommentiert, rät zu und rät ab. Dennoch verliert Bernhard manchmal den Faden und blickt ganz unsicher daher. Vielleicht verläßt ihn plötzlich der Glaube daran, daß der andere wirklich interessiert ist an diesen Geschichten.

Jenner jedenfalls ist zögerlich an der jungen Frau vorbeigegangen, und tatsächlich hat sie sich zu ihm hingewendet. Die beiden haben sich sehr aufmerksam in die Augen geschaut. Wenig später sitzt Jenner bei seinem Lieblingsitaliener vor einem Teller Nudeln und glotzt minutenlang regungslos vor sich hin, reibt sich danach mehrfach die Augen, so, als schaffe er es nicht, die Brennweite seiner Pupillen richtig einzustellen. Er hebt das Rotweinglas an, streckt die Hand mit dem Glas ein wenig von sich weg und zieht sie wieder zu sich heran. Er nimmt einen kleinen Schluck. Er wirkt wie ein Automat, wie hypnotisiert. Die Bewegungen seiner Hand verlaufen in geraden Linien und rechten Winkeln. Die Augen hinken immer ein wenig hinterher, als könnte der Blick sich nicht losreißen von der Stelle, an der er gerade interesselos geklebt hat. Das Glas steht bereits wieder auf der Tischdecke, lotrecht abgesenkt, als Jenners Blick an dieser Stelle ankommt.

In dieser Nacht schläft Jenner nicht. Er liegt in seinem großen Bett. Einer der Pfosten am Fußende trägt einen schwenkbaren Arm mit einer Plattform, auf der ein kleiner Fernseher Bilder zeigt. Der Ton ist abgeregelt. Jenner schaut nur gelegentlich auf den Schirm. Zumeist starrt er knapp darüber hinweg. Er zieht das Notebook zu sich heran und tippt etwas in die Tastatur, das Display wakkelt auf der instabilen Unterlage der Bettdecke hin und her. Jenner schließt das Notebook, hebt eine edel eingebundene Kladde vom Boden auf, öffnet sie, schreibt etwas, schließt das Buch, legt es vor sich auf das Federbett, öffnet es erneut, schreibt erneut. Es ist bereits lange nach Mitternacht, als er ein Wasserglas halb voll Wodka gießt und es in zwei, drei Zügen leert. Die Dämmerung beginnt, es ist etwa fünf Uhr in der Früh. Jenner sitzt am Schreibtisch vor seiner Computeranlage und tippt Vornamen und Nachnamen einer Frau in verschiedene Internet-Suchmaschinen, Telefonauskunfts-Dienste, Adressenverzeichnisse, E-Mail-Verzeichnisse. In Frankfurt nennt die Telefonauskunft siebenundzwanzig Anschlüsse auf den Namen »Seemann«, aber keinen, der dem passenden Vornamen (»Salinda«) zugeordnet ist. Deutschlandweit finden sich mehrere Tausend Anschlüsse auf Seemann, aber ebenfalls keiner, der auch den gesuchten Vornamen abdecken würde. Jenner gibt den Vornamen ein, ohne Erfolg. Eine Salinda Schröder verbreitet Kochrezepte, eine amerikanische Genealogie verzeichnet eine Salinda Lassiter, die 1938 starb. Das ist alles. Es ist Montag früh, mit geröteten Augen geht Jenner zur Arbeit.

»Wir werden die Bedarfe und Angebote unseres Kunden mit denjenigen anderer Partner zusammenführen, die die Amerikaner mitbringen«, trägt Jenner wenig später während der Projektbesprechung vor. Er steht vor seinem Team, bedient Overhead-Projektor und Beamer.

»Es ist wichtig, daß wir die Entscheidungsträger der Cerna-Chemie dort abholen, wo sie sind. Also kein Internet-Kauderwelsch, kein Gelaber à la ›stepwise refining by evolutionary prototyping‹ und dergleichen. Wir sind keine Wichtigtuer, wir sind Pioniere. Man erkennt uns unter anderem an unserem klaren Verstand und an unserer Bildung. Wir reden und schreiben ein exzellentes Deutsch.«

Zwar schaut Jenner aus dem Fenster, als er diese Worte spricht, aber er bezieht sich offen auf eine Auseinandersetzung mit dem Verantwortlichen für die neue Internet-Präsentation der Zauberberg.com, einem ehemaligen Redakteur einer Computerzeitschrift. Vor einer Woche hat Jenner den gesamten Entwurf des Kollegen als unseriös verworfen. Der Betreffende sitzt nun regungslos am Tisch, seine Kiefermuskeln sind angespannt, während er Teile seines strittigen Textes zitiert hört. Die übrigen sechs Mitglieder der Abteilung schauen ihn verstohlen von der Seite an, um die Wirkung von Jenners Worten zu beobachten. Jenner allerdings ist schon beim nächsten Punkt. Er startet die Computer-Präsentation des Projektes, an der er die vergangenen Wochen fast ununterbrochen gearbeitet hat, er kommentiert die teilweise animierten Tabellen und Schaubilder, die Videosequenzen, am Ende stehen die Berechnungen der Einsparungen für das Unternehmen, auf fünf Jahre im voraus geschätzt.

»Am besten«, sagt er, »präsentieren Sie alle das Projekt in Ihrem eigenen Kämmerlein, und zwar einem imaginären Publikum, in dem auch Ihre Eltern sitzen. Machen Sie das ein paarmal hintereinander. Noch Fragen?«

Jenner betreut die Cerna-Chemie verantwortlich, eine deutsche pharmazeutische Weltfirma in Familienbesitz. Der Kunde gilt als äußerst schwierig. Die Mehrheitshalterin ist über siebzig Jahre alt, eine distinguierte Dame mit dem zuweilen schroffen Humor von Menschen, die ihr Leben lang selbst bestimmt haben, worüber zu lachen ist. Sie würde lieber sterben, als die Firma zu restrukturieren oder sie an die Börse zu bringen. Jahrelang betrat sie keine Räume, in denen Computer standen. Als sich Jenner zum ersten Mal in ihrer Gründerzeit-Villa am Wiesbadener Sonnenberg aufhielt, wußte sie bereits, daß er gelernter Kunsthistoriker war.

»Hat man Sie eingestellt, damit Sie ein bißchen Kulturzucker über Ihre gräßlichen Maschinen streuen?« fragte sie Jenner.

»Na, mein Lieber, dann erklären Sie der blöden Oma mal, wie Sie die Cerna auf den Kopf stellen wollen. Ich weiß nur, daß wir doppelt so viel Papier verbrauchen, seitdem wir die angeblich papiersparenden Monster auf den Schreibtischen haben.«

Am Ende eines langen Nachmittags vor Jenners Notebook war der Ton der alten Dame deutlich freundlicher geworden.

»Möchten Sie mal sehen«, sagte sie, »was mich wirklich interessiert?«

Sie führte ihn in ihre beiden großen Bibliotheksräume. Bis unter die vier Meter hohen Decken reichten die Bücherregale. Hinter Glas bewahrte sie antiquarische Kostbarkeiten auf, unter anderem eine Ausgabe letzter Hand von Goethe.

»Mein Lieblingslyriker«, sagte Jenner, vor der Vitrine stehend, und als die alte Dame ihn prompt fragte, was er zur Zeit lese:

»Ehrlich gesagt, ich lese seit ein paar Jahren nicht mehr viele Bücher.«

»Und warum nicht?«

»Ich habe keine Bücher mehr«, sagte Jenner. Er bemerkte das ungläubige Gesicht seiner Gesprächspartnerin und lachte: »Nein, Unsinn, es ist nur – mein Job frißt mich auf.«

»Und warum haben Sie so einen Job?«

»Damit ich irgendwann wieder sehr viel Zeit habe zum Lesen«, sagte er. Die alte Dame schaute ihn an und entschloß sich ebenfalls zu einem Lachen. Merkwürdigerweise war er nach diesen Worten nicht etwa durchgefallen bei ihr. Sie nahm ihn vertraulich beim Arm und zeigte ihm einen Teil ihrer riesigen Sammlung von Druckgraphiken. Jenner bot ihr an, ein elektronisches Archiv für sie aufzubauen.

»Ich weiß nicht, was das sein soll«, sagte sie, »aber machen Sie mal.« Wenige Tage später stand ein Rechner mit großem Monitor und Großformat-Scanner in der Bibliothek, ein Techniker der Zauberberg.com und eine junge Kunsthistorikerin und Restauratorin installierten die Software, lasen die Graphiken ein, die alte Dame äußerte ihre Wünsche für die Struktur der Datenbank.

Einige Tage später, an einem schönen Vorfrühlingstag im März diesen Jahres, steht die alte Dame am Panoramafenster eines Büros im achten Stock der Verwaltungszentrale in Mainz, schaut hinaus und sagt zu Jenner, der vor einem Computerschirm sitzt:

»Sehen Sie, mein Lieber, wie der Frühling kommt? In meinem Alter schaut man da sehr genau hin.« Jenner bedient weiter die Tastatur, schweigt einen Moment lang, beginnt dann Rilkes Gedicht »Vorfrühling« zu rezitieren.

Die Dame dreht sich rum, hört zu, »Zärtlichkeiten, ungenau, greifen nach der Erde aus dem Raum«. »Rilke«, haucht sie, und sie kann Rührung und Bewunderung in ihrer Stimme nicht unterdrücken:

»Sie können tatsächlich Gedichte auswendig?« Jenner schwenkt den Monitor zu ihr hin, auf dem das Gedicht zu lesen ist.

»Wie haben Sie das gemacht?« sagt sie entsetzt, und Jenner führt es ihr vor.

Neubauer und Schmidt wissen, daß ohne Jenner, »unseren content-provider«, wie sie ihn nennen, die Kontakte zur Cerna-Chemie und damit das Pionierprojekt der Zauberberg.com niemals so weit gediehen wären. Sie haben gehört, daß Jenner es verstehe, die Lebenssehnsüchte seiner Gesprächspartnerin zum Klingen zu bringen. Deswegen haben sie ihn gebeten, dieses Mal eine besondere Verantwortung zu übernehmen.

Am Nachmittag nach dem Briefing geht Jenner in seinem Büro auf und ab. Der Zweig einer Linde ragt ins geöffnete Fenster. Ehe er das Fenster schließt, biegt Jenner den Zweig vorsichtig nach außen. Er sieht, wenn er nach oben schaut, seinen Aussichtspunkt, und er schaut oft nach oben. Er scheint sich ein wenig behütet zu fühlen vom Berg. Jenner läuft auf den Trennfugen der großen quadratischen Sandstein-Bodenplatten entlang, setzt einen Fuß direkt vor den anderen. Manchmal biegt er rechtwinklig ab, nach links oder rechts, oder er faßt zwei oder vier der rotbraunen Platten zu größeren Vierecken zusammen, die er mehrmals umrundet. Anscheinend hat er sich vorgenommen, stets genau auf den Fugen zu bleiben. Manchmal scheint sein innerer Vortrag zu stocken. Jenner unterbricht sein Kreisen, geht zum Schreibtisch, ruft aus dem Computer eine Information ab, setzt seinen Gang fort. Endlich tritt er ans Fenster, schaut ein paar Minuten hinaus. Übermorgen wird er zusammen mit dem Vorstand bei der Cerna-Chemie vorstellig werden. Hinzukommen werden die zwei Projektentwickler der Amerikaner. Das Konzept wird sich so anhören, als sei jeder Zweifel an seinem Sinn und an seinem Gelingen vollkommen abwegig. Mit Hilfe der neuen Technik werden Milliardensummen eingespart werden. Am Ende wird man eine Goodwill-Erklärung unterschreiben, einen letter of intend. Die Ad-Hoc-Meldung, die Jenner bereits geschrieben hat, wird sofort im Anschluß an die Presse gehen und die Aktienkurse um schätzungsweise zehn bis zwanzig Prozent in die Höhe treiben. Bernhard wird morgen unter dem eigenen Namen Aktien für Jenner kaufen, übermorgen wird er sie in den haussierenden Markt hinein verkaufen. Die beiden werden sich die Gewinne teilen.

Am Abend steht Jenner ein paar Minuten auf der Flußbrücke, an der Stelle, an der ihn die falsche Salinda fixiert hat. Er setzt dann seinen Nachhauseweg nicht fort, sondern geht zurück in die Altstadt, stellt sich an die Bar eines schicken italienischen Stehrestaurants, ißt einige der teuren Kleinigkeiten und trinkt einen Brunello di Montalcino. Am frühen Abend verkehren hier vor allem Anwälte, Boutiquenbesitzer, Geschäftemacher und die Prominenz des lokalen Bundesligavereins. Jenner nennt diese Leute »VIP-Proleten«. Sie parken ihre teuren Autos am liebsten direkt vor dem Lokal. Jenner steht alleine oder mit Bernhard, der sehr oft hier ist und den er hier kennengelernt hat, neben den zumeist attraktiven Frauen der VIP-Proleten. Alle haben sie einen resignierten Zug um den Mund. Manchmal flirtet er ein wenig mit ihnen.

»Sie müssen stets willig sein, sonst werden sie ausgetauscht«, sagt er zu Bernhard, mit einem Triumph im Gesicht, als sei dies sein persönliches Verdienst. »Ich glaube, da überschätzt du ihre Typen«, sagt Bernhard, »die haben eher Angst, selbst ausgetauscht zu werden.« Was Bernhard niemals vermuten würde: Zwei-, dreimal im Monat läßt sich Jenner von einer jungen, perfekt gebauten »Studentin« besuchen (jedenfalls ist sie tatsächlich an der hiesigen Universität eingeschrieben), mit der er gelegentlich auch eine Nacht verbringt. Er überweist per Dauerauftrag einen festen Betrag im Monat, den er ihr gegenüber ironisch »leistungsunabhängiges Stipendium« nennt. Mit den tatsächlich erbrachten Leistungen zeigt er sich allerdings stets zufrieden.

Jenner schaut häufig zur offen stehenden Tür. Endlich kommt Freund Bernhard, und Jenner kann ihm die Geschichte seiner Begegnung vom gestrigen Abend erzählen. Er ist sehr unruhig und hat weiter die Tür im Auge. Gegen 21 Uhr trennen sich die beiden.

»Hast du denn häufig an diese Frau gedacht?« fragt Bernhard noch. Jenner schüttelt den Kopf und macht ein unfreundliches Gesicht. Er verläßt das Lokal. Er hat das dritte Glas Rotwein nicht leer getrunken. Es dämmert. Die an den Brückenlagern postierten Laternen sind bereits in Betrieb. Im Laufe des Tages hat sich eine feuchtschwüle Westströmung durchgesetzt und die Klarheit des Sommers beseitigt. Sehr hohe, von der bereits untergegangenen Sonne an ihren Gipfeln karminrot gefärbte Wolkengebirge stehen am Himmel. Zig-Tausende von merkwürdigen weißen Insekten taumeln in Kreisbahnen um die Lichtquellen. Viele von ihnen sind entkräftet auf den Boden gefallen, zappeln und sterben und bilden eine Schicht, die aus der Entfernung ein wenig wie Schnee wirkt. So etwas hat man hier noch nie zuvor gesehen. Jenner bleibt stehen, forscht mit den Spitzen seiner Schuhe im Insektenschnee. Vom Fenster seines Salons aus beobachtet er etwas später, es ist inzwischen fast dunkel geworden, wie die gesamte Stadt von diesen weißen Tieren befallen wird. Überall sieht er die Schwärme, die, aus der Entfernung gesehen, fast wie Nebel um die Laternen wabern. Die hohen Temperaturen der vergangenen Tage haben sie offenbar epidemisch zum Ausschlüpfen gebracht. Jenner holt sein Telefon aus der Jackentasche, vielleicht überlegt er, ob er seine Studentin anrufen soll. Er steckt das Telefon wieder in die Tasche.

Gegen Mitternacht befindet er sich vor seinem großen Bibliotheksregal. Auf den Ablagebrettern, die man in Hüfthöhe aus dem Regal ziehen kann, liegen mehrere Fotoalben. Eines davon ist aufgeschlagen. Jenner steht tief gebeugt, mit den Händen am Regal abgestützt, blättert Seiten um. Dann streckt er sich, zieht ein dickes Buch vom obersten Regalbrett, schlägt es auf, ein Foto ist zwischen Einband und Schmutztitel verwahrt. Jenner nimmt es heraus, hält es in der Hand, betrachtet es. Es ist im Gebirge, wahrscheinlich in den Alpen aufgenommen worden. Im Hintergrund, jenseits eines Tales, sieht man eine Bergkette. Auf den Gipfeln liegt noch Schnee. Vorne, im hohen Gras, an ein verwittertes hölzernes Gatter gelehnt, das eine abschüssige Almwiese begrenzt, stehen drei Personen mit Rucksäcken: Jenner im karierten bunten Hemd, mit ziemlich langem, vollem Haar, deutlich jünger als heute, lachend, den Arm um eine dunkelblonde junge Frau gelegt, die ebenfalls lächelt, die beseelt, wenn nicht sogar glücklich scheint. Allerdings schaut sie nicht in die Kamera, sondern ein wenig fragend auf die dritte Person am Gatter, auf einen groß gewachsenen, hageren Mann in Kniebundhosen, ein wenig älter als Jenner, der Teleskop-Wanderstöcke in den Händen hält und sich leicht auf sie stützt. Das rechte Bein hat er angewinkelt und rückwärts durch das Gatter gesteckt, der Fuß mit dem Bergschuh ruht auf einem alten hölzernen Bottich, der vielleicht als Viehtränke dient. Jenner nimmt das Foto, geht in sein Arbeitszimmer, setzt sich vor den Computer, legt das Foto in den Scanner, hat es alsbald auf seinem großen Monitor vor sich, betrachtet es fast regungslos, betrachtet sich selbst, die Frau, den langen Mann am linken Bildrand, fährt sich immer wieder fahrig über den Kopf. Im Online-Bücherverzeichnis gibt er den knarzigen Namen Harald Herkrötter ein. Die Titelseite des Buches »Das Gehirn«, inzwischen in der dritten Auflage als Hardcover, in der achten als Taschenbuch, ist abgebildet. Es ist das Buch, in dem Jenner das Foto verwahrt hatte, die Information zum Verfasser lautet: »Herkrötter, Harald, Dr., geb.: 1955, Molekularbiologe und Bewußtseinsforscher, Professor an der Goethe-Universität in Frankfurt, 1992 bei einem Unfall ums

Leben gekommen.« Jenners Arbeitszimmer ist einer der beiden Räume, die über dem Salon liegen. Durch das leicht geöffnete Fenster sind zwei, drei der schmutzigweißen Falter ins Zimmer eingedrungen, einer liegt vor Jenner auf dem Schreibtisch rücklings auf seinen Flügeln, zappelt mit den Beinen, vibriert mit den Flügeln und dreht sich schnell wie der Zeiger einer Stoppuhr. Es hat ihn von einer Sekunde auf die nächste die Kraft zum Fliegen verlassen. Wenige Minuten später läßt auch sein Zappeln nach, dann rührt er sich überhaupt nicht mehr. Deutlich sind jetzt die winzigen schwarzen Augen im pelzigen Kopf zu erkennen. Jenner schiebt das Tier in den Papierkorb, erhebt sich, nimmt das Foto mit sich, steht wieder vor den Regalen, vor sich das Foto, viele weitere Fotos, eine halb entfaltete Landkarte der Schweiz, einen geöffneten Leitz-Ordner, in dem sich offenbar abgeheftete Briefe befinden; sein Gesicht ist weiß, seine Augen sind geschwollen, hin und wieder weint er lautlos, als er die Briefe liest. Es beginnt jetzt zu regnen, immer heftiger, allerdings bleibt das vorhergesagte Gewitter aus. Man hört nur noch das Prasseln der Wassertropfen, nicht mehr die üblichen schwachen Verkehrsgeräusche von der Durchgangsstraße unten am Fluß. Gegen halb fünf hat der Regen aufgehört, die Dämmerung setzt ein. Alles ist ruhig, bis ein Schwarzamselmann, er befindet sich auf dem Geländer der Holzveranda, die erste seiner Melodiensequenzen in die Stille schmettert. Andere, weiter entfernte Schwarzamseln antworten. Jenner sitzt wieder vor seinem Computer und schickt eine E-Mail auf den Firmencomputer von Bernhard: »Möchtest du heute abend mit mir essen? Ich würde dich gerne zum

Spargelessen einladen, vielleicht um acht in der ›Goldenen Gans‹? Gib mir bitte eine Nachricht. Jenner.«

Bernhard, der einige Stunden später die E-Mail liest, sagt schließlich zu. Allerdings sitzt er eine Weile überrascht vor seinem Bildschirm und zieht die Stirn in Falten, ehe er die Antwort eintippt. Die Spontaneität dieser Einladung zu einem werktäglichen Abendessen paßt nicht zu dem, was er von Jenner gewohnt ist. Aufgefallen ist ihm gewiß auch die Uhrzeit, zu der die Mail abgeschickt worden ist. Es hat etwas Intimes, wenn jemand nachts um vier an einen anderen schreibt, auch wenn es nur eine E-Mail ist, die da geschrieben wurde, ohne Unterschrift, ohne ordentliche Anrede, eine moderne, schnoddrige Kommunikationsform irgendwo zwischen Rede und Brief. Bernhard wird sich mißtrauisch fragen, was ihn in diesen neuen Stand der Vertrautheit versetzt hat. Vielleicht möchte er den Status Quo seiner werbenden Beziehung zu Jenner nicht wirklich aufgeben, weil auch er sich gut hinter dieser Haltung verstecken kann, nicht nur Jenner? Oder er fürchtet, einem offenherzigen Jenner nicht gewachsen zu sein. Am frühen Abend legt er die Strecke, die Jenner zu spazieren pflegt, in hohem Tempo mit dem Mountain-Bike zurück. Ehe er die Abfahrt durch den Wald beginnt, schiebt er sein Rad in ein kleines Waldwiesental, in dem die schönste Blumenwiese der ganzen Gegend zu finden ist. Er liegt ein paar Minuten mit dem Rücken auf der feuchten Erde, fast regungslos, mit gespreizten Beinen und ausgebreiteten Armen, und schaut in den stark bewölkten Himmel. Nur die Finger der linken Hand spielen ein wenig mit den Stengeln einiger dicht zusammenstehender blauer Blumen, von denen Jenner wahrscheinlich wüßte, daß sie Kreuzenzian heißen. Einmal muß er einen der sympathischen metallischgrünen Käfer, die er schon oft hier gesehen hat, von seinem Gesicht verjagen. Zu hören sind nur die Vögel und die zahlreichen Insekten, die sich mit den Wiesenblumen beschäftigen und an Bernhard nicht interessiert sind.

Als dieser später die »Goldene Gans« betritt, sitzt Jenner bereits am Tisch. Er hat ein Glas Sherry vor sich. Ganz gegen seine Gewohnheit ist er leger gekleidet, trägt eine leichte weite Baumwollhose, ein Polohemd unter dem Sakko.

»Du siehst zehn Jahre jünger aus mit diesen Klamotten«, sagt Bernhard zur Begrüßung, was allerdings nicht ganz ehrlich sein kann, denn Jenner wirkt übernächtigt und erschöpft. Jenner spricht wenig während des Essens, erläutert die morgige Präsentation im Hauptsitz der Cerna-Chemie, erinnert an den Kauf der Aktien, »einfach in den Markt rein, es kommt nicht auf den Euro mehr oder weniger an«. Bernhard weiß natürlich, daß diese Themen nicht den wirklichen Anlaß für die Einladung bedeuten, fühlt sich sichtlich unwohl und trinkt rasch zwei, drei Gläser Wein. Der Kellner räumt die Teller ab, Jenner bestellt den Nachtisch, eine zweite Flasche Wein, dann erst nimmt er das Foto mit den drei Alpenwanderern aus der Innentasche des Sakkos, legt es auf den Tisch vor Bernhard, dreht es so, daß dieser es betrachten kann.

»Das war vor fast genau acht Jahren, im Juli 1992.«

Bernhard zögert, betrachtet das Foto genau, schaut auf

zu Jenner, mit fragendem Gesicht, schaut wieder hinunter auf das Foto.

»Ich finde nicht, daß du dich groß verändert hast.« Er ist sehr konzentriert, sehr bedacht auf seine Worte.

»War das deine Freundin?«

»Ja, das ist Salinda.«

»Ihr paßt gut zusammen«, sagt Bernhard, streicht mit der Nagelfläche des rechten Mittelfingers über das Foto, als wolle er auf eine Verbindungslinie zwischen Jenner und Salinda zeigen, holt Luft, um weiter zu sprechen, sagt aber nichts, holt wieder Luft.

»Ihr seht, na ja, irgendwie glücklich aus«, sagt er und schaut Jenner in die Augen. Sie ist ihm nicht sehr flüssig über die Lippen gekommen, diese Formulierung.

»Wer ist der andere, ein Freund von euch?«

»Das ist Harald, das war Harald. Er ist an dem Tag gestorben, an dem wir dieses Foto gemacht haben, ein, zwei Stunden später. Harald war mein bester Freund. Ich bin schuld an seinem Tod.«

Den letzten Satz hat er leise gesprochen, weil der Kellner kommt und die Gläser auffüllt. Bernhard greift sich sofort sein Glas und trinkt es zur Hälfte aus. Jenner wartet, bis der Kellner sich entfernt hat, um fortzufahren.

»Salinda und ich wollten damals zum Bergwandern in die Westalpen, ins Schweizer Wallis. Als Harald fragte, ob er mitkommen könne, war Salinda nicht besonders begeistert, obwohl sie Harald sehr verehrte. Ich hatte sie über ihn kennen gelernt. Beide waren Molekularbiologen, Salinda studierte noch, Harald war ihr Professor und Freund und nannte sich ›Bewußtseinsforscher‹.

Harald und ich kannten uns schon einige Jahre, wir kamen aus derselben Kleinstadt. Er lehrte an der Uni Frankfurt, galt als junger, genialer Aufsteiger im Wissenschafts- und Lehrbetrieb und arbeitete an einem Buch über die Funktionsweise des menschlichen Gehirns. Er hatte die Druckfahnen mit in den Urlaub genommen, das war einer der Gründe, weshalb Salinda etwas reserviert war. Sie wollte nicht im Urlaub über ihre Arbeit reden. Außerdem wäre sie gerne mit mir alleine gewesen. Ich habe sie ein wenig gedrängt, weil ich mir von Haralds Anwesenheit zusätzliches Amüsement versprach. Tagsüber wanderte Harald mit uns, die halbe Nacht hindurch korrigierte er seinen Text. Wir wohnten in einem kleinen Gasthof, Salinda und ich unten, Harald oben im Dachzimmer. Als das Foto gemacht wurde, ging es Harald nicht gut. Deswegen schaut Salinda ihn merkwürdig an. Es war der letzte Ferientag, wir hatten uns eine relativ anspruchsvolle Tour vorgenommen. Sagen wir besser: Ich war es, der diese Tour für uns gewählt hatte. Der Pensionswirt hatte uns beim Frühstück auf zwei, drei ziemlich ausgesetzte Stellen hingewiesen, die durchaus einen Klettersteig vertragen könnten. Eigentlich müsse er uns raten, diese Passagen nur gesichert, als Seilschaft zu gehen, sagte er. Wir schauten uns an, wir hatten keine derartige Ausrüstung. Sowieso war ich der einzige, der je über Klettersteige gegangen war. Harald zeigte sich außerdem voller Selbstzweifel, was seine Arbeit, was sein Buch anging. Offenbar hatte er kaum geschlafen und war völlig übermüdet. Als Salinda ihn fragte, ob er überhaupt mitwolle, wußte ich insgeheim, daß er nur deswegen ›ja‹ sagte, weil ich es von ihm und Salinda erwartete, weil ich es forderte.«

Jenners Stimme wird klarer und härter, je länger er spricht. Jetzt macht er eine Pause und schaut Bernhard fragend an. Bernhard hat ihn noch nie in dieser Weise über sich selbst reden hören. Er schweigt, und Jenner muß ohne eine moderierende Bemerkung seines Zuhörers fortfahren.

»Zwei dieser ausgesetzten Stellen hatten wir bereits passiert, bei der zweiten hatte sich Harald ein paar Minuten flach auf die Erde legen müssen. Ihm sei schwindelig, er habe zu wenig geschlafen, sagte er. Das Erinnerungsfoto, das du hier siehst, machten wir nach dem folgenden Abstieg. Eine Stunde später standen wir an der dritten Passage, sie war bei weitem schwieriger als alles, was wir in dieser Woche gegangen waren. Sieben, acht Höhenmeter einer stark ausgesetzten, sehr schmalen, aber steilen und zudem leicht nach links gebogenen Felsflanke waren kletternd zu überwinden, direkt rechts davon ging es senkrecht nach unten. Eigentlich eine ganz typische Klettersteig-Passage, aber es gab keine Sicherung. Ich wußte, ich selbst war hier am Limit, unsere Ausrüstung sowieso, aber die Alternative wäre gewesen, umzukehren und den gleichen Weg zurückzugehen. Das jedoch wollte ich unter keinen Umständen. Schon der Gedanke daran bereitete mir üble Laune. Harald sagte nur: ›Ich bezweifle, daß ich das schaffe.‹ Salinda schwieg eine Weile, sagte dann sehr scharf, sie wolle, daß wir umkehrten, was mich ärgerte, weil sie die Partei Haralds und nicht die meine ergriff. Ich ließ nicht nach, auf ein Weitergehen zu drängen. Salinda sagte mehrfach, es gehe Harald nicht gut, aber ich tat das ab und behauptete, die Passage sei nicht wirklich gefährlich, das sei alles nur ein

Problem der Selbstüberwindung, was auch nicht ganz falsch war. Schließlich kletterte ich einmal nach oben und wieder zurück, um den beiden anderen zu zeigen, wie einfach das zu machen war. Oben stehend, beschwor ich, mit beiden Händen gestikulierend, den weiteren, harmlosen Verlauf der Route. Ich kam runter, Salinda schwieg, Harald schwieg. Ich ging als erster wieder hinauf, dann kam Salinda. In ihren Augen war wohl so etwas wie Haß, als sie mich oben anschaute. Ich habe später tausendmal an diesen Blick denken müssen. Harald hatte es fast geschafft. Es fehlten ihm noch ein, zwei Meter, als er mit dem rechten Fuß irgendwo Halt suchte, wo es absolut keinen gab. Ich weiß nicht, warum er den Fuß nicht höher nahm und auf die passende Stufe im Fels setzte. Er muß einen Schwächeanfall gehabt haben. Ich konnte nichts machen, nicht einmal etwas sagen. Es ging alles viel zu schnell. Er ließ einfach los, er ließ los, rutschte auf dem Bauch über den Fels, über den Rand der Flanke und stürzte in die Tiefe.«

Jenner hat dies ohne jede hörbare Bewegtheit gesprochen, wie einer, der sich lange darauf vorbereitet hat, etwas auf eine solche Weise zu erzählen, weil er es auf eine andere Weise überhaupt nicht erzählen könnte; oder wie einer, der sich diese Geschichte dermaßen oft, vielleicht mit gräßlich verzerrtem Gesicht, selbst erzählt hat, daß er sie nun auswendig spricht, von ferne her, mit unbewegter Mimik, wie den Text eines Fremden. Sofort danach aber zieht er den Kopf krampfhaft in die Schultern ein und hat das Kinn auf seine Brust gedrückt, so, wie er es damals gemacht haben mag, als er oben auf den Felsen stand und wußte, daß sein Freund gerade in die Tiefe stürzt. Bernhard schweigt, nach ein, zwei Minuten legt er die rechte Hand auf den Unterarm von Jenner und drückt den Arm, sagt immer noch nichts.

»Ich habe in diesem Moment gewußt, daß alles zu Ende ist, mein bisheriges Leben, mein Job, alles in mir. Ich bin ins Tal hinunter gehetzt, mit einem ununterbrochenen lauten Schrei im Kopf, habe die Bergung mit dem Hubschrauber organisiert, bin mitgeflogen, habe die Trümmer von Harald gesehen, über hundert Meter tief war er abgestürzt, mehrfach am Felsen aufgeschlagen. Ich habe die Fragen der Staatsanwältin beantwortet, gesagt, daß ich schuld bin. Aber sie antwortete, es gebe keinen Straftatbestand, der für mich Geltung habe, und ließ mich gehen. Ich sehe noch vor mir, wie sie mich mit Verachtung und Mitleid anschaute. Danach wurde alles schwarz in mir, ich konnte nicht mehr mit mir selbst leben und nicht mehr mit Salinda. Und sie wiederum konnte mich nicht mehr ertragen. Wir haben nicht mehr miteinander gesprochen. Zwei Tage später sind wir noch zusammen nach Frankfurt zurückgefahren. Ich war auf der Beerdigung, die ich empfand wie meine eigene. Danach haben wir uns nie wieder gesehen, bis zum heutigen Tag nicht.«

Jenner erzählt weiter, wie er seinen Job im Museum kündigte, die Wohnung monatelang nur noch verließ, um Zutaten für Grießbrei zu kaufen und Vitamintabletten. Später zog er für zwei Jahre nach Hamburg, ließ sich umschulen, »und jetzt bin ich hier«.

Eine Freundin von Bernhard, die sich während einer Abendgesellschaft eine Weile mit Jenner unterhielt, nennt ihn seit diesem Abend »den Heiligen«.

»Der ist gar nicht wirklich auf der Erde«, sagt sie, wenn man sie fragt, warum sie diesen Spitznamen benutzt, »der traut sich nicht, Spuren zu hinterlassen.« Hätte Bernhard gewußt, was er eben erfahren hat, hätte er diesen Satz ganz anders kommentiert, als er das damals tat. Vielleicht hätte er gesagt:

»Das war nicht immer so.«

Während er jetzt, in diesem Moment, versucht, irgend etwas Passendes, Beruhigendes, Verständnisvolles zu Jenner zu sagen, hat er wahrscheinlich die Bemerkung seiner Freundin und das Heilige an Jenner verstanden. Vielleicht weiß er nun, was ihn an dem anderen anzieht, das Entsetzen und die Hochachtung vor der Schuld, die in einem einzigen kleinen Moment auf jemanden kommt und die man nicht mehr los wird, die geläufige, unauffällige, alltägliche Schuld, die urplötzlich zu einer schrecklichen Größe anschwillt und machtvoller wird als alles andere.

»Ich muß sie finden«, sagt Jenner

Bernhard muß nicht fragen, wen er meint.

»Du willst, daß sie dir verzeiht?«

»Es würde mir sehr helfen«, sagt Jenner, »obwohl ich selbst nicht weiß, warum. Ich kann an nichts anderes mehr denken. Aber ich glaube nicht, daß sie mit mir sprechen wird.« Und er erzählt von seiner nächtlichen Suche nach Salindas Adresse.

»Denkst du wirklich«, sagt Bernhard, »es würde dich weiterbringen? Es wären doch nur Worte, die sie ausspricht, sie müßte nicht meinen, was sie sagt. Und dann wärst du wieder allein, und alles wäre wie vorher. Du mußt dir selbst verzeihen. Es gibt keine andere Lösung.«

»Ich weiß«, sagt Jenner, »aber vielleicht könnte sie mich in die Arme nehmen.«

Es ist nach Mitternacht, Bernhard begleitet den anderen nach Hause. Als er sich verabschiedet, bietet er an, den Kontakt zu Salinda herzustellen, wenn sie denn endlich aufgespürt ist. »Vielen Dank«, sagt Jenner leise.

Neubauer, Schmidt und Jenner sind am nächsten Morgen unterwegs nach Mainz zur Cerna-Chemie. Es ist kühl und regnerisch, aber Jenner wirkt zufrieden und gelöst und fällt, als man die Strategie noch einmal detailliert durchspricht, durch heitere Beredsamkeit auf. Alle drei haben aufgeklappte Notebooks auf ihren Oberschenkeln, der Fahrer der Großraumlimousine hat Anweisung, sich Zeit zu lassen. Die vierstündige Präsentation beginnt erst um zwölf. »Seien Sie willkommen, mein Lieber«, sagt die greise Mehrheitshalterin zu Jenner, ehe sie Neubauer und Schmidt begrüßt. Die Vertreter von Zauberberg.com und die beiden angereisten Amerikaner wechseln sich ab am Computer. Etwa zwanzig Personen aus der Firmenleitung von Cerna-Chemie schauen und hören zu. Die aufwendige Präsentation der Business-Plattform wird vom Beamer auf eine Leinwand projiziert. Eine Pause gibt Gelegenheit, die Abdunklung der Fenster etwas anzuheben. Die Sonne kommt hinter den Wolken hervor, der verchromte Rahmen der Projektionsleinwand schickt einen blendenden Sonnenpfeil in Jenners Augen. Jenner verläßt den Raum, geht an der nächstgelegenen Toilette vorbei, schlendert durch ein paar Gänge des Gebäudes, findet eine andere Toilette, die er benutzt, schlendert weiter, verirrt sich scheinbar ein wenig, verlängert seinen Weg, fährt mit dem Aufzug hinauf zur Dachterrasse, er sieht die Schiersteiner Brücke, die hinüber nach Wiesbaden führt, er sieht ein Stück des Rheins. Erst nach geraumer Zeit kehrt er zum Besprechungsraum zurück, am Ende allerdings mit sehr eiligen Schritten. Inzwischen haben sich mehrere kleine Grüppchen gebildet, man trinkt Kaffee und ißt Kanapees. Es herrscht eine fast ausgelassene Stimmung, die vermuten läßt, daß die Präsentation bislang überzeugend verlaufen ist. Im Augenblick will niemand etwas von Jenner. Er setzt sich vor sein Notebook. Wir sehen, wie er hastig den Namen Salinda in die Suchmaschine tippt und ein Datum, den »8. März 1964«. Es werden keine brauchbaren Adressen gefunden. Jenner tippt: »Salinda + 8. 3. 1964«, es erscheint die bereits bekannte Salinda Lassiter. Jenner versucht es mit der Kombination »Seemann« und »8. 3. 1964«, dann tippt er »S. Seemann« und das Datum.

Der schwarze Balken am Fuß des Bildschirmes ruckt zunächst langsam, dann sehr schnell nach rechts, ein »Volltreffer« wird angezeigt im Internet-Auftritt der Cerna-Chemie. Jenners rechte Hand liegt auf der Computermaus, sein Kopf sinkt auf die Brust, ein, zwei Minuten bleibt er reglos. Jetzt schaut er sich mit ängstlicher Miene um, führt den Cursor zum Link, klickt, wartet, den Kopf wie niedergeprügelt in die Schultern zurückgezogen. »Neuzugänge in der Cerna-Chemie: Frau Dr. S. Seemann, geboren am 8. 3. 1964, Molekularbiologin, ist die neue Leiterin der Arbeitsgruppe ›Immunpathologie des Nervensystems‹, in der Wirkstoffe gegen Hirntumore erforscht werden.« Ein Foto von Salinda baut sich auf. Salinda trägt einen weißen Kittel und sieht sehr erwachsen und seriös aus. Rechts davon ist sie zitiert: »Wer nicht im Team arbeitet, arbeitet falsch.«

Erst zirca fünf Minuten später tritt Neubauer zu dem reglos vor dem Notebook kauernden Jenner und flüstert: »Es geht weiter, Jenner, was ist mit Ihnen?« Jenner dreht langsam das fahle Gesicht, räuspert sich und flüstert: »Können Sie ohne mich weiter machen? Mir geht es vom Kreislauf her sehr schlecht.« »Brauchen Sie einen Arzt?« »Nein ich muß nur raus an die frische Luft.«

»Gehen Sie nur, wir machen den Rest allein«, sagt Neubauer. Er legt den Arm um Jenners Schulter. Das hat er noch nie zuvor gemacht.

Jenner packt sein Notebook und seine Unterlagen in die Aktentasche, entschuldigt sich bei den Gastgebern, den Amerikanern, der greisen Chefin. »Schlafen Sie sich aus, mein Lieber. Wir werden uns ganz sicher einigen. Und schaffen Sie sich eine Familie an«, sagt sie. »Brauchen Sie einen Fahrer?« Jenner winkt ab, er möchte zunächst ein paar Schritte gehen, sagt er, und sich anschließend ein Taxi zum Bahnhof nehmen. Er schließt die Tür des Konferenzraumes lautlos hinter sich. Er erreicht die Pförtnerloge, erkundigt sich nach dem Weg zur Arbeitsgruppe »Immunpathologie des Nervensystems«, bewegt sich durch den salonartigen Empfangsraum am Haupteingang des Verwaltungsgebäudes, der mit mehreren ledernen Fauteuils und einem großen Aquarium ausgestattet ist, durch die Drehtür hinaus aufs Firmengelände, bleibt kurz stehen und atmet tief ein, als sei er überrascht über die frische Luft und die Klarheit des Himmels, die sich inzwischen durchgesetzt hat.

Quellenangaben.

Textlich ähnlich, teilweise mit anderem Titel wurden erstmals veröffentlicht:

- **Leisure Suit.** In: Merkur. Deutsche Zeitschrift für europäisches Denken. 52. Jahrgang. Heft 594/595. September 1998.
- **Der Waldlauf.** In: Merkur. Deutsche Zeitschrift für europäisches Denken. 53. Jahrgang. Heft 608. Dezember 1999.
- **Auf dem Holmenkollen.** In: Frankfurter Rundschau vom 18. September 1999.
- **Die Frikadelle.** In: Cottas kulinarischer Almanach 2001/2002. Stuttgart 2001.
- **Gesichtszerfall.** In: Krachkultur. Literaturmagazin. Nr. 9. 2001.

Klett-Cotta

Printed in Germany
Umschlag: Uli Cluss, Stuttgart unter Verwendung eines Fotos von Andreas Bohnhoff
Gesetzt aus der Guardi von OADF, Altdorf/Böblingen
Auf säure- und holzfreiem Werkdruckpapier gedruckt und gebunden von Clausen & Bosse, Leck
ISBN 3-608-93573-8

Zweite Auflage, 2003

Kieseritzky:
Kleiner Reiseführer ins Nichts

Roman

350 Seiten, gebunden, ISBN 3-608-93459-6

Kacz heißt der Held in Kieseritzkys neuem Roman. Er lebt in Brighton, dem englischen Seebad, in der Pension der Witwe Hawkins. Sein Tagebuch, eine nicht unbedenkliche Zuneigung zum Alkohol und ein Faible für Forschungsthemen, die er kaum je zu Ende führt, machen sein eigentlich ganz idyllisches Leben aus.

Da trifft ein Brief des Vaters ein, der angeblich sterbenskrank in seiner Berliner Villa liegt. Kacz reist los, findet den Vater recht munter vor und gerät im Hause, dem Bestattungsinstitut Ambrosia, das er erben soll, in eine Geisterbahn der Irr-Systeme: obskure Ärzte, baltische Ratgeber, lockere Krankenschwestern und Untote treiben dort ihr Unwesen. Vom Keller bis zum Dachboden scheinen hier alle praktischen Geheimnisse des Lebens und des Sterbens versammelt. Kacz, der eigentlich auf der Suche ist nach dem Kleinen Reiseführer ins Nichts, reagiert abwechselnd mit heldenhafter Enthaltsamkeit und schlecht dosierter Erhöhung des Alkoholkonsums ...

Ein Roman über den Abgrund zwischen Realität und Vorstellung, über Weltflucht und Halluzination. Kacz, ein Held voller Selbstlosigkeit und Zartsinn, paßt nicht in diese Welt, und deshalb will er sich aus ihr entfernen – mit Selbstironie und einer Geste schüchterner Weltumarmung, die wir nicht vergessen.

Klett-Cotta